기후금융
지속가능한 미래를 여는 열쇠

| 박 동 규　　| 김 종 대
(한양대 교수)　(인하대 교수)

아딘크라

본 저서는 환경부의 [녹색융합기술 전문인력 양성사업]의 일환인 [녹색금융 특성화대학원] 사업의 지원으로 출판되었습니다.

목차

I. 기후금융의 개념 및 중요성 ------ 1

II. 우리나라 기후금융의 현황 ------ 9
   1. 제도 및 정책 ------ 11
      1.1. 지속가능금융 및 기후금융의 개념과 현황 ------ 11
      1.2. 정부의 제3차 「녹색성장 5개년 계획」 ------ 13
   2. 금융권 현황 ------ 14
      2.1. 연기금 ------ 14
      2.2. 금융권 ------ 17
      2.3. 개별 금융그룹의 기후금융 추진사례 ------ 21
   3. 기업 대응 현황 ------ 25
      3.1. 기후변화가 기업경영에 미치는 영향 ------ 25
      3.2. 국내 기업들의 기후금융 대응 현황 ------ 26

III. 기업들의 기후금융 재원 유형 및 자금조달 현황 ------ 29
   1. 공적 재원 ------ 31
      1.1. 다자개발은행 ------ 32
      1.2. 다자기후기금 ------ 41
   2. 민간 재원 ------ 42
      2.1. 개요 ------ 42
      2.2. PPP ------ 43
   3. 최근의 전 세계 기후금융시장 ------ 45
      3.1. 공적 재원에 의한 기후금융 투자 ------ 47

3.2. 민간 재원에 의한 기후금융 투자 ------ 47
3.3. 전 세계 지역별 기후금융 투자 ------ 48
4. 국내 기업들의 자금조달 실태 및 문제점 ------ 49
   4.1. 기후금융 지원정책 ------ 49
   4.2. 기업들의 애로요인 ------ 51
5. 관련기업 인터뷰를 통한 국내 기후금융의 현황/문제점 분석 ------ 53
   5.1. 발전 공기업 ------ 53
   5.2. 태양광 발전 관련사 ------ 55
   5.3. 연료전지 발전 관련사 ------ 56
   5.4. 풍력 발전 관련사 ------ 57

Ⅳ. 기후금융 자금조달 사례연구 및 시사점 ------ 61

1. 풍력발전사업 – 자은풍력발전 ------ 63
   1.1. 사업 개요 ------ 63
   1.2. 경제성 분석 ------ 67
   1.3. 위험 분석 및 관리방안 ------ 68
   1.4. 본 사업의 시사점 ------ 72
2. 태양광 발전사업 – 해남태양광발전 ------ 73
   2.1. 사업 개요 ------ 73
   2.2. 자금조달 조건 및 구조 ------ 75
   2.3. 사업의 특장 ------ 76
   2.4. 경제성 분석 ------ 80
   2.5. 본 사업의 위험분석 및 관리 ------ 82
   2.6. 본 사업의 시사점 ------ 83

 3. 풍력발전사업 - 태백가덕산풍력발전·· 85
  3.1. 사업 개요·· 85
  3.2. 경제성 분석·· 89
  3.3. 위험 분석 및 관리·· 90
  3.4. 본 사업의 시사점·· 91
 4. 연료전지사업 - 노을 연료전지·· 92
  4.1. 사업 개요·· 92
  4.2. 사업 구조·· 94
  4.3. 노을연료전지 시민펀드·· 96
  4.4. 연료전지 사업 일반·· 97
  4.5. 국내 연료전지 시장현황·· 99
  4.6. 국내 지원정책 및 제도·· 99
  4.7. 경제성 분석·· 102
  4.8. 위험 분석 및 관리·· 103
  4.9. 본 사업의 시사점·· 105
 5. 국내 기후금융 사례연구의 종합적 분석 및 시사점·································· 106
  5.1. 합리적인 PF 관행의 정착··· 106
  5.2. 중소기업 위주의 사업참여·· 107
  5.3. 상대적으로 낮은 자본비용에 기반한 자금조달 ··························· 107
  5.4. 민관의 긴밀한 협력이 자금조달 성공의 핵심······························ 108

Ⅴ. 국내 기후금융 자금조달 효율화 방안·· 109

 1. 정부 차원··· 111
  1.1. 기후금융 관련정책 현황·· 112
  1.2. 기후금융관련 제도/정책의 문제점 및 개선방안·························· 114
  1.3. 참고사례: 기후변화에 대한 영국 정부 및 의회의 대응············· 126

2. 금융권 차원 ··· 127
    2.1. 국내외 금융권의 기후금융 대응상황 ·································· 127
    2.2. 국내 금융권의 향후 과제 ··· 130
    2.3. 참고사례: 기후변화에 대한 영국 금융권의 대응 ················· 132
3. 기업 차원 ··· 134
    3.1. 기후금융에 대한 인식 제고 ·· 134
    3.2. 신재생에너지 사업의 사업성 확보와 악성 민원문제 ············ 134
    3.3. 기후금융 평가체계 정비 ·· 135
    3.4. 기후금융 투자효과에 관한 연구 활성화 ···························· 136
    3.5. ESG 기준에 입각한 기업경영의 전체 프로세스 설정 ········· 137
    3.6. 기후금융 관련지수 및 상품의 개발 ·································· 137
4. 한국형 뉴딜의 효율적 추진방안 ··· 138
    4.1. 한국형 뉴딜의 개요 ··· 138
    4.2. 그린 뉴딜의 개념 및 구조 ··· 139
    4.3. 뉴딜펀드의 조성: 한국형 뉴딜의 자금조달채널 ·················· 142
    4.4. 뉴딜펀드의 문제점 및 개선방안 ······································· 146

참고문헌 ·· 151

표목차

〈표 2-1〉 제3차 녹색성장 5개년 계획 ---------- 13
〈표 2-2〉 국내 3대 공적연기금의 ESG 관련 투자 규모 ---------- 15
〈표 2-3〉 국민연금의 투자포트폴리오(2019년 말 기준) ---------- 16
〈표 2-4〉 4대 금융사 ESG 채권 발행현황(2019년) ---------- 17

〈표 3-1〉 'WBG Climate Change Action Plan'의 우선순위 및 세부 목표 ---------- 35
〈표 3-2〉 WB의 금융지원 결정과정 ---------- 38
〈표 3-3〉 아시아개발은행(ADB) 기후재원 내 주요 자금원 및 지원 방식 ---------- 40
〈표 3-4〉 국내 기업의 해외 인프라 투자 시 적용 가능한 지원제도 ---------- 49

〈표 4-1〉 본 사업의 자금조달 조건 ---------- 65
〈표 4-2〉 본 사업의 경제성 및 민감도 분석 ---------- 68
〈표 4-3〉 본 사업의 사업개요 ---------- 73
〈표 4-4〉 본 사업 추진경과 ---------- 74
〈표 4-5〉 본 사업의 투자대상 프로젝트 목록 ---------- 74
〈표 4-6〉 그린에너지2호 펀드의 투자조건 ---------- 75
〈표 4-7〉 본 사업지 인근의 발전시간 비교 ---------- 79
〈표 4-8〉 경제성 분석을 위한 주요 가정 ---------- 80
〈표 4-9〉 펀드의 현금흐름과 수익률 ---------- 81
〈표 4-10〉 펀드 수익률의 민감도 분석 ---------- 81
〈표 4-11〉 본 사업의 사업개요 ---------- 85
〈표 4-12〉 본 사업의 진행 과정 ---------- 85
〈표 4-13〉 주요 자금조달조건 ---------- 87
〈표 4-14〉 본 사업의 경제성 분석 ---------- 89
〈표 4-15〉 노을연료전지 발전소 전기/열 생산량 ---------- 94
〈표 4-16〉 본 사업의 자금조달구조 ---------- 96

〈표 4-17〉 서울시 시민펀드를 통한 자금조달 계획 (2021~22년) ······················· 97
〈표 4-18〉 국내 신재생에너지 지원제도 및 연료전지 적용가능성 ······················ 100
〈표 4-19〉 연료전지 유형별 본 사업의 경제성 분석 결과 ································ 103

〈표 5-1〉 그린 뉴딜 3개 과제의 투자계획 및 일자리 파급효과 ························· 141
〈표 5-2〉 그린 뉴딜의 대상사업(예시) ·· 141
〈표 5-3〉 뉴딜펀드의 체계 ··· 143

그림목차

[그림 1-1] 전 세계와 우리나라의 기후금융관련 최근환경 변화 ········· 4
[그림 1-2] 전 세계 기후금융 투자 추이 ········· 5
[그림 1-3] '세계 기후 1.5도 감축'에 필요한 기후금융 추가투자 규모 ········· 6
[그림 1-4] 글로벌 신재생 에너지와 화석연료 투자비교(2015-2018년) ········· 6

[그림 2-1] 지속가능금융의 범위 ········· 12
[그림 2-2] 국내 은행의 기후변화 리스크 관리 현황 ········· 20
[그림 2-3] 신한금융그룹의 사회책임경영 추진 연혁 ········· 21
[그림 2-4] 신한금융그룹의 사회책임경영 구체적 실행전략 ········· 22
[그림 2-5] 신한금융그룹의 그룹사별 기후금융 지원현황 ········· 22
[그림 2-6] KB금융그룹의 지속가능채권 발행실적 ········· 24
[그림 2-7] 하나금융그룹의 지속가능경영 활동 ········· 24
[그림 2-8] 하나금융그룹의 사회적 경제 활성화 활동 ········· 25

[그림 3-1] 기후 관련 협조융자 규모 (2015~17년, 백만 달러) ········· 33
[그림 3-2] 세계은행그룹(WBG)의 조직 체계 ········· 37
[그림 3-3] 기후금융 관련 다자기금 현황 ········· 42
[그림 3-4] 저탄소 인프라 PPP 투자 추세 ········· 44
[그림 3-5] 전 세계 기후금융 투자 추이 ········· 45
[그림 3-6] 전 세계 재생에너지 및 화석연료 투자 현황(2015-2018년) ········· 46
[그림 3-7] 공적 및 민간 재원의 기후금융 투자 추이(2013-18년) ········· 46
[그림 3-8] 글로벌 기후금융 투자 분포 ········· 48

[그림 4-1] 본 사업 추진현황 및 향후 일정 ········· 63
[그림 4-2] 본 사업의 자금조달 구조 ········· 66
[그림 4-3] 본 사업에 투자하는 펀드의 투자 구조 ········· 67

[그림 4-4] 펀드 투자구조 -- 76
[그림 4-5] 최근 30년간(1984-2014년) 일사시간 추이 ---------------------------------- 77
[그림 4-6] 발전원별 단위당 시공/유지보수 비용 비교 ------------------------------ 77
[그림 4-7] 전국 각 지역의 일사량 비교 --- 78
[그림 4-8] 본 사업 직전 4년간 SMP/두바이유/브렌트유 가격변동 추이(2013-2015년) ---- 79
[그림 4-9] 본 사업의 금융구조 -- 84
[그림 4-10] 본 사업의 사업구조 --- 86
[그림 4-11] 본 사업의 사업구조 --- 95
[그림 4-12] 국내 연료전지 시장규모 --- 99
[그림 4-13] 신재생에너지 사업 융자지원 체계 ------------------------------------- 101
[그림 4-14] 본 사업 경제성에 영향을 미치는 주요 변수 간 연계성 ---------------- 102
[그림 4-15] EPC 계약방식과 위험관리 --- 104

[그림 5-1] 글로벌 그린본드 발행자별 비중 현황 ---------------------------------- 118
[그림 5-2] 전 세계 그린본드 및 친환경 대출 추이 -------------------------------- 119
[그림 5-3] 우리나라 기업들의 그린본드 발행 현황 -------------------------------- 120
[그림 5-4] 한국형 뉴딜의 구조 --- 139
[그림 5-5] 뉴딜펀드의 구조 -- 145

기후금융 - 지속가능한 미래를 여는 열쇠

I. 기후금융의 개념 및 중요성

I. 기후금융의 개념 및 중요성

최근의 급격한 기후변화가 글로벌 경제에 전방위적인 영향을 미치고 결국 금융위기까지 초래할 수 있다는 음울한 경고가 나왔다.[1] 국제결제은행(BIS: Bank for International Settlement)은 2020년 1월 '그린스완'이라는 제목의 보고서를 통해 전 세계적인 기후변화 시대와 관련된 금융 안정성 문제를 심층적으로 분석했다. 이 보고서는 2020년 1월 21~24일 스위스 다보스에서 진행된 제50회 세계경제포럼 연차총회(WEF·다보스포럼)에서 기후변화가 핵심 주제로 논의된 가운데 발표된 바 있다.

BIS는 이 보고서에서 발생 가능성이 극히 낮지만 발생하면 엄청난 타격을 주는 '블랙스완(Black Swan)'에 비유해 기후변화로 인한 금융위기 가능성을 '그린스완(Green Swan)'이라고 명명하며, 우리 시대의 기후변화를 전 세계 경제의 공급과 수요 모두에 영향을 미치는 중대한 요인으로 규정했다. 구체적으로, 기후변화는 공급 측면에서 농산물 가격과 에너지 가격을 가파르게 올려 가격 변동성을 키울 것으로 우려된다.

또한, 기후변화가 그 자체로 인플레이션의 직접 원인이라는 연구는 아직 적지만, 극심한 기후와 자연 재해가 단기간에 식료품 가격을 급등시킬 수 있다고 BIS는 분석한다. 이 같이 짧은 기간 동안 급격하게 오른 공급 물가는 각국 경제의 생산성에도 영향을 미친다. 즉, 날이 더워지거나 추워지면 사람들이 바깥에서 일할 수 있는 시간이 줄어들어 노동생산성에 영향을 주고 자원도 부족해지면서 각국 경제의 부가가치 유발효과가 떨어지며 이는 결국 글로벌 수요 감소로 이어지게 되는 것이다.

BIS 보고서는 기후와 관련된 위기들이 상기한 경로를 통해 각국의 생산성과 성장에 영향을 미칠 경우, 장기적인 실질 이자율에 영향을 미칠 수밖에 없고 이는 재정당국이 펼치는 통화정책의 주요 위험요인으로 작용할 수 있다고 지적한다. 한편, 기후변화의

---

[1] Bolton et al.(2020)

금융위기에 미치는 영향이 '그린스완'이라는 것은, 일어날지 아닐지 알 수 없는 '블랙스완'과 달리 발생할 것이 거의 확실시되기 때문에 전 세계에 더 복잡하고 연쇄적인 위기를 초래할 수 있다는 것이다. 또한, 통계를 통한 추정이나 정규분포를 통한 가정 등으로 위험을 관리해온 기존의 방식으로는 향후 기후변화에 따른 위험을 평가하기 어렵다는 점에서, 그린스완의 예측이 극히 어렵다는 점도 추가적으로 주목할 필요가 있다.

본저의 핵심주제인 "기후금융"이란 용어는 기업 및 금융회사가 경영·투자·대출·금융상품 개발 등 사업을 진행하는 데 있어서 기후변화 문제를 중요한 요소로 고려하거나, 기업과 사회가 기후변화에 긍정적으로 행동하도록 유도하는 방향으로 그들의 상품을 판매/제공하는 것을 총칭한다. 기후금융은 특히 금융회사의 수익성 등과 같은 재무적 이익뿐만 아니라 사회적·환경적 가치를 통합적으로 고려하는 지속 가능금융의 일환으로서, 금융시장 참가자들이 투자, 대출 및 보험인수 등 금융거래를 위한 중·장기적 의사결정 과정에서 기후변화에 따른 기회 및 이에 대응한 리스크를 적절히 평가하고 반영하는 것이라고 할 수 있다. 예를 들어, 기후·사회변화에 따른 대출의 적정성(은행), 온난화 및 자연재해 발생 등으로 인한 보험인수 가격의 재평가 필요성(보험) 및 실물기업 투자의 적정성(증권) 등이 기후금융의 범주에 포함된다고 할 수 있다.

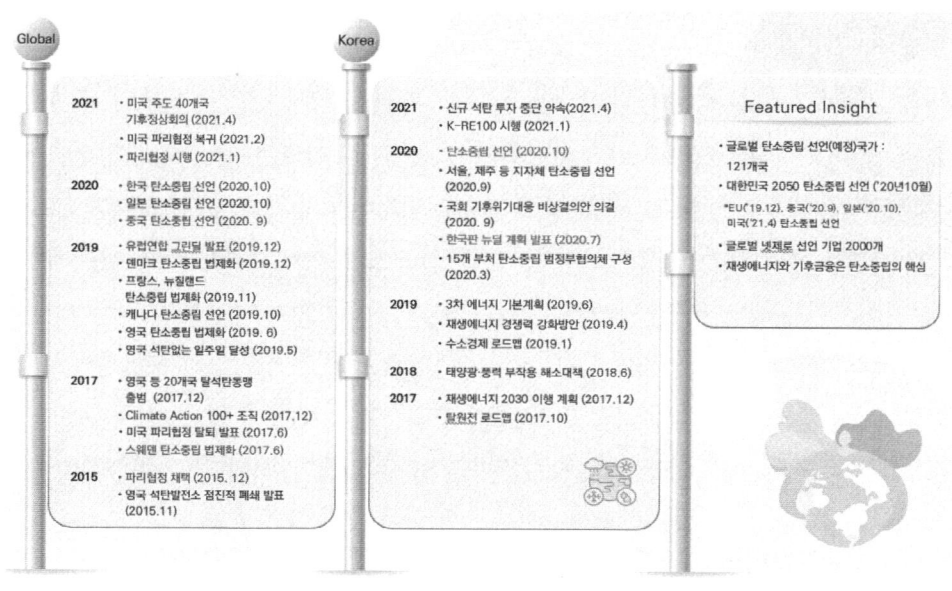

그림 1-1 전 세계와 우리나라의 기후금융관련 최근환경 변화

전 세계 기후금융 투자액은 최근 10년간 급격히 늘어나 2019년 6220억 달러에 달하고 있다. 2017-2018년 기간 중 전 세계 기후금융 투자액은 연평균 5,790억 달러에 달했는데, 동 기간의 수치도 2015-2016년에 비해 25%나 급증한 것이다. 그러나, 2018년에는 전 세계적인 경제침체 등의 요인으로 인해 5,460억 달러에 그쳤다. 기후금융 투자 유형별로는 저탄소 운송(low-carbon transport), 지역별로는 북미와 동아시아에 투자가 집중된 것으로 나타났다.

그림 1-2 전 세계 기후금융 투자 추이

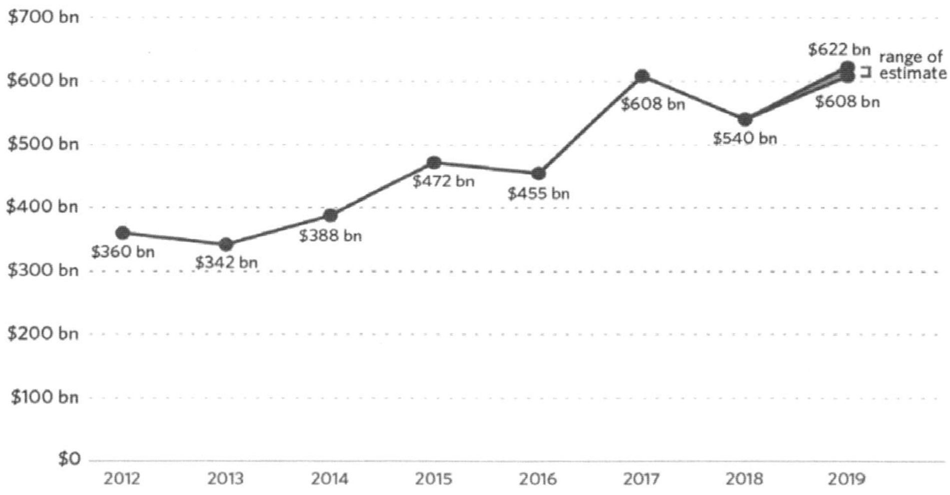

자료: Global Landscape of Climate Finance 2019.

그러나, 상기한 최근의 기후금융 투자 추이는 '세계 기후 1.5도 감축' 달성이라는 절실한 당면 목표를 달성하는데 턱없이 미흡한 편이다. 구체적으로, 2016-2050년 기간 중 공급 측면의 에너지 시스템 투자를 통한 저탄소 목표 이행에만 매년 1.6-3.8조 달러의 투자가 필요할 것으로 예측되는데, 이 수치는 기후변화 적응비용(adaptation costs)으로 예상되는 매년 1,800억 달러의 투자를 제외한 것이다. 요컨대, 전 세계의 근본적 기후변화를 위해서는 지역별, 국가별로 현 수준에 비해 엄청난 신규 투자가 이루어짐과 동시에 기존의 화석연료 발전 등 기후변화에 역행하는 산업에 대한 대규모 투자 감축이 병행되어야 하는 것이다.

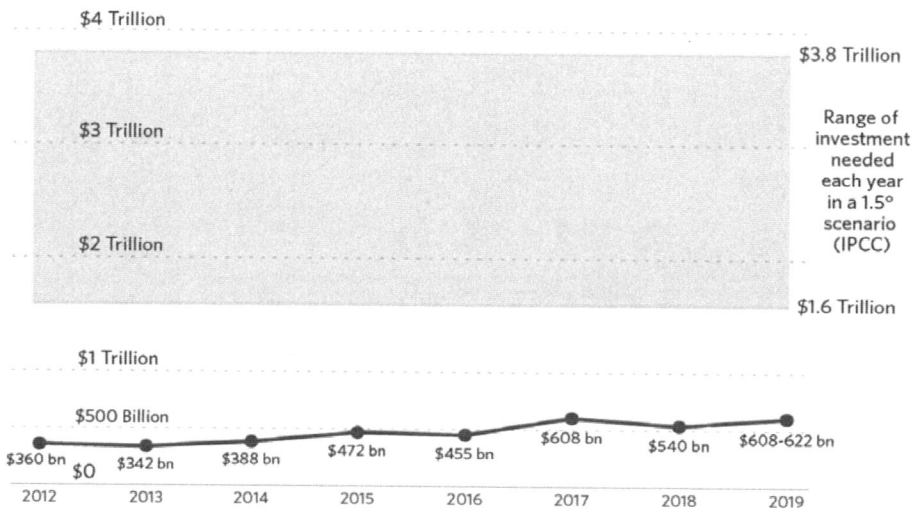

그림 1-3 '세계 기후 1.5도 감축'에 필요한 기후금융 추가투자 규모

자료: Updated view on the Global Landscape of Climate Finance 2019.

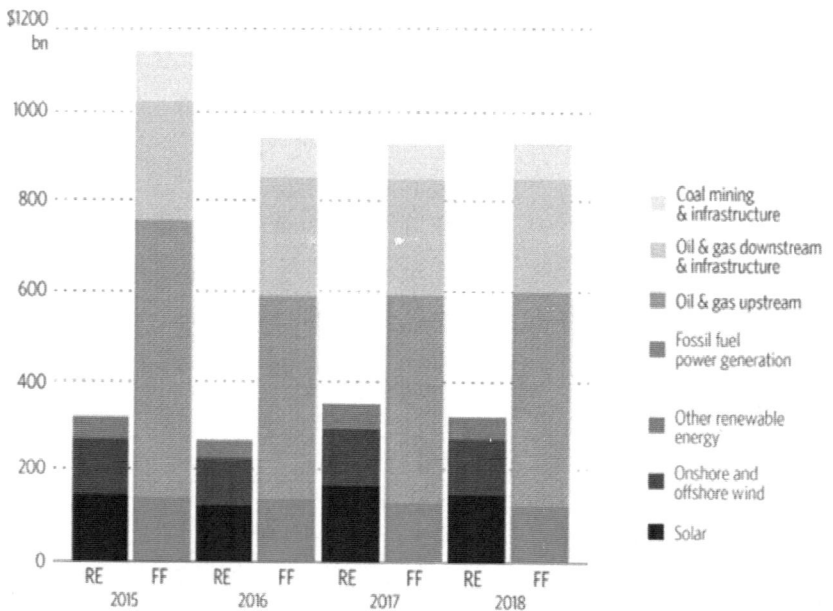

그림 1-4 글로벌 신재생 에너지와 화석연료 투자비교(2015-2018년)

자료: Climate Policy Initiative.

6 기후금융 - 지속가능한 미래를 여는 열쇠

2020년 말 현재, 우리나라의 경우 기후금융을 포함한 지속가능금융 투자는 극히 초기 단계이나, 국민연금 등 공적 기금을 중심으로 투자가 증가하고 있으며[2], 최근 금융회사를 중심으로 친환경·그린산업에 대한 채권발행 등 기후금융 관련 투자가 활발해지고 있다. 구체적으로, 2018년 말을 전후한 주요 국내 은행의 지속가능 관련채권 발행규모를 보면, (기업은행) 3천억원('19.2월), (우리은행) 2천억원('19.2월), (국민은행) 4억5천만달러('19.1월), (하나은행) 6억달러('19.1월), (수출입은행) 3천5백억원('18.12월), (산업은행) 3천억원('18.10월), (신한은행) 2천억원('18.8월) 등을 기록하고 있다.

정부도 '녹색성장기본법'에 따라 녹색성장 국가전략의 효율적·체계적 이행을 위해 녹색성장전략을 5년 마다 수립하고 있으며 2019년 5월 제3차 녹색성장 5개년 (2019~2023) 계획을 발표한 바 있으며 2020년 9월에는 '한국형 뉴딜'의 일환으로 '그린 뉴딜'을 발표함으로써 녹색 산업과 금융에 대한 국가적 지원을 천명하고 있다.

그럼에도 불구하고, 우리나라의 기후금융 투자는 양적/질적 측면에서 경쟁국 대비 극히 미흡한 상황이다. 기후금융을 관할하는 공식적인 정부 조직은 없으며 금융감독원 '감독 총괄국'이 관심을 보이고 있지만, 민관을 막론하고 기후금융 현황 등 기본적인 통계자료도 미비한 실정이다. 정부, 국책은행, 시중은행의 기후금융 지원도 정부내 총괄 컨트롤 타워의 부재로 그때그때의 상황 변화에 대응하여 산발적/무계획적으로 이루어져 실효성이 담보되지 못함은 물론 글로벌 기후금융 기관 및 시장에 대한 영향력도 거의 없는 상태이다.

특히 정부의 기후금융 지원을 받아 실제 사업을 수행하는 발전 공기업, 시행사(디벨로퍼), 시공사, 운영사, 장비공급업체, 해당 지역 주민(수혜자) 등은 어떤 조건과 방법으로 정부/지자체/금융회사의 지원을 받을 수 있는지 제대로 알지도 못하는 혼란스러운 상황이다. 기후금융과 관련된 몇 개 안 되는 선행연구들도 제도, 정책, 선진국과의 환경 비교 등 금융지원 제공자 관점에서의 정책적 분석일 뿐, 실제 혜택을 받고 수익을 올리는 기업과 주민의 입장에서 기후금융의 현황, 애로점, 개선 및 효율적 활용방안에 관한 연구는 거의 없었다.

---

[2] 국민연금 지속가능금융 관련 책임투자 운용규모가 6.4조원(2016년)→ 6.8조원(2017년)→ 26조원(2018년)으로 급격하게 늘어나고 있음

이상의 제반 상황을 감안하여, 본저는 수혜자인 기업과 주민의 관점에서 국내 기후금융의 현황과 문제점들을 살펴보고 이들의 자금 조달을 효율화할 수 있는 대안들을 생각해 보기로 한다. 이 과정에서 우리보다 앞서있는 선진국 제도, 기업 및 금융회사의 최신 사례들에 대한 심층분석을 병행하여 국내 기후금융 활성화에 다양한 시사점을 제공하고자 한다.

본문 내용 중 상당 부분이 국내외 각종 자료의 수집과 전문가 인터뷰를 통한 심층적 실태분석에 근거해 기술되었다는 점을 본저의 특색으로 들 수 있다. 현재 국내 기후금융 관련 연구에서 가장 큰 애로 중의 하나는 자료(사례 포함) 수집의 어려움이라고 할 수 있다. 본저는 수십 년에 걸쳐 축적된 다양한 연구자들의 연구 활동과 저자의 네트워크를 통해 구축된 수 많은 국내외 원천을 활용함으로써 이 문제를 해결하고자 했다. 또한, 관련 기업, 주민, 정부 부처, 금융회사 담당자들에 대한 설문 및 직접면접을 통해 현실에 즉각 적용할 수 있는 대안을 제시하고자 했다.

구체적으로, 국내 금융회사 및 자산운용사의 실제 기후금융 투자사례 분석을 통해 다양한 시사점을 제공하고자 했다. 다수의 금융회사, 회계 법인, 자산운용사들로부터 수집된 태양광, 풍력, 연료전지 등 다양한 국내 기후금융사업 실제 투자사례를 분석하여 국내 기후금융의 문제점을 개선하고 효율화할 수 있는 실천적 방안과 시사점들을 제시 했다.

또한, 국내 환경에 적합한 "한국형 기후금융" 효율화를 위한 정책적 제언도 담았다. 즉, 기후금융 선진국과 차별적인 국내 환경에서 기후금융이 활성화되기 위한 요건들을 도출하고 이를 충족시킬 수 있는 현실적 정책방안들을 제시했다.

기후금융 – 지속가능한 미래를 여는 열쇠

II. 우리나라 기후금융의 현황

1. 제도 및 정책
2. 금융권 현황
3. 기업 대응 현황

II. 우리나라 기후금융의 현황

1. 제도 및 정책

1.1. 지속가능금융 및 기후금융의 개념과 현황

지속가능금융은 기후금융이나 녹색금융(Green Finance)[3] 보다 광의의 개념으로 UN의 지속가능발전목표(SDGs: Sustainable Development Goals) 달성에 직·간접 적으로 기여하는 금융서비스·상품, 관련 제도 및 시장체제를 의미한다. 최근 전 세계적으로 기업과 금융회사들이 기후변화의 완화·적응에 중점을 둔 녹색금융은 물론 환경외의 지배구조 등 사회적 책임까지 함께 고려해야 한다는 지속가능금융으로 논의가 확대되고 있다.[4] 지속가능금융의 개념 및 범위는 아래의 그림에 잘 나타나 있다.

---

[3] 녹색산업 지원, 금융소비자의 친환경활동 유도, 탄소배출권 거래와 관련된 금융활동을 지칭
[4] 이러한 차원에서 G20 녹색금융스터디그룹(GFSG)이 지속가능금융스터디그룹(SFSG)으로 명칭을 변경한 바 있음

그림 2-1 지속가능금융의 범위

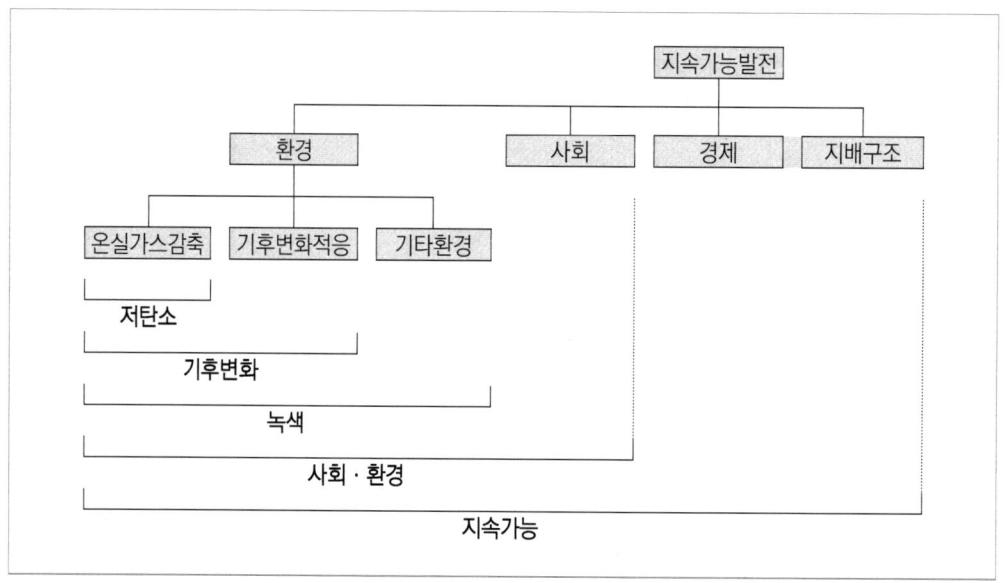

자료: 금융감독원 보도자료(2019.6.14).

최근 글로벌 금융시장에서 지속가능금융 투자규모는 2014년 18.3조 달러(약 2경 1,663조원)에서 2018년 30.7조 달러(약 3경 6,342조원)로 1.7배 폭증했다.[5] 특히, 기후변화에 대한 관심이 고조되면서 전 세계 그린본드[6] 발행규모는 2013년 126억 달러(약 15조원)에서 2016년 888억 달러(약 105조원) 규모로 7배 이상 비약적으로 증가했다.[7] 세계 각국의 중앙은행과 감독기구는 그들의 협의체인 GFSG(2016년)[8]과 NGFS(2017년)[9] 구성을 통해 기후변화 및 지속가능금융을 고려한 새로운 감독기준 마련 등 다양한 정책적 대안을 활발하게 논의 중이다.

---

[5] 2018 Global Sustainable Investment Review
[6] 채권 발행을 통한 조달금액 사용을 대체에너지 및 기후변화 대응 등 친환경 산업 지원에 한정시키는 채권. 본 연구에서는 동 채권을 '그린본드'와 '녹색채권'으로 병기하기로 함
[7] 그린본드 발행동향 및 시사점(국제금융센터, 2017. 7)
[8] 2015. 12월 G20 Deputies 회의에 따라 2016년 녹색금융스터디그룹(Green Finance Study Group)으로 설립되었으며 2018년 SFSG(Sustainable Finance Study Group)로 명칭을 변경하고 업무범위를 지속가능금융으로 확대
[9] Network for Greening the Financial System으로서 37개 회원기관 및 7개 참관기관으로 구성되어 있음

1.2. 정부의 제3차 「녹색성장 5개년 계획」

우리나라는 현재 '녹색성장기본법'에 따라 녹색성장 국가전략의 효율적·체계적 이행을 위한 '녹색성장기본계획'을 5년 마다 수립하고 있으며 가장 최근에는 2019년 5월 21일 제3차 녹색성장 5개년(2019~2023) 계획을 발표한 바 있다. 이 계획은 '포용적 녹색국가 구현'이라는 비전을 위해 3대 추진 전략, 5대 정책방향, 20대 중점과제로 구성되어 있다. 이 중 녹색경제 구조혁신과 성과 도출을 위한 중점과제로 '녹색 금융 인프라 구축'이 포함되어 있으며 그 내용은 크게 환경 친화적 투자 확대 및 기후 리스크 반영으로 나뉘어져 있다.

표 2-1 제3차 녹색성장 5개년 계획

3대 추진전략	5대 정책방향	20대 중점과제
① 책임있는 온실가스 감축과 지속가능한 에너지 전환	❶ 온실가스 감축 의무 실효적 이행	① 온실가스 감축 평가·검증 강화 ② 배출권 거래제 정착 ③ 탄소 흡수원 및 국외 감축 활용 ④ 2050 저탄소 발전전략 수립
	❷ 깨끗하고 안전한 에너지 전화	⑤ 혁신적인 에너지 수요 관리 ⑥ 재생에너지 중심의 에너지 시스템 구축 ⑦ 어너지 분권·자립 거버넌스 구축 ⑧ 정의로운 에너지전환 추진
② 혁신적인 녹색기술·산업 육성과 공정한 녹색경제	❸ 녹색경제 구조혁신 및 성과 도출	⑨ 녹색산업 시장 활성화 ⑩ 전주기적 녹색 R&D 투자 확대 ⑪ 녹색금융 인프라 구축 ⑫ 녹색 인재 육성 및 일자리 창출
③ 함께하는 녹색사회 구현과 글로벌 녹색협력 강화	❹ 기후적응 및 에너지 저소비형 녹색사회 실현	⑬ 녹색국토 실현 ⑭ 녹색교통 체계 확충 ⑮ 녹색생활 환경 강화 ⑯ 기후변화 적응 역량 제고
	❺ 국내외 녹색협력 활성화	⑰ 신기후체제 글로벌 협력 확대 ⑱ 동북아·남북 간 녹색협력 강화 ⑲ 그린 ODA 협력 강화 ⑳ 녹생성장 이행점검 및 중앙·지방간 협력 강화

자료: 관계부처 합동, 제3차 녹색성장 5개년('19~'23) 계획(案), 2019.5.21.

상기 계획의 핵심은 첫째, 녹색설비 투자에 대한 금융지원을 확대 하고, 환경기술 등 사회적 가치 기업들에 대한 특별자금을 지원하는 것이다. 구체적으로, 녹색인증 관련 기술, 친환경 신기술, 대기오염방지, 온실 가스 감축 등 녹색설비투자 확대를 위하여 3년간 5조원 규모를 조성할 예정으로 지원조건은 금리 1% 인하, 기간은 2019.1~2021.12월 이다.

둘째, 금융기관들이 자금운용 과정에서 기후 리스크를 고려할 수 있는 제도적 기반을 확대하고 기업의 녹색경영정보 공개를 확대하는 것이다. 녹색경영기업 금융지원시스템 등을 활용하여 기업의 환경정보 공개를 활성화하고, 이를 통해 금융기관의 녹색 여신·투자 활동을 지원하자 는 것이다. 또한, 환경정보 공개를 위해 산업별 기후변화 시나리오에 따른 재무영향분석 데이터베이스 구축 등 기후 리스크 정보공개 기반 마련도 포함되어 있다.

이외에도 환경부를 중심으로 녹색금융 활성화 지원을 위한 여러 연구 과제들을 수행하고 있다. 여기에서 환경부는 환경과 기후변화, 지속 가능발전 관련 주무부처나 금융의 주무부처가 아닌 관계로 금융 제도와 금융산업에 관련 정보를 제공하고 지원하는 방안을 중심으로 계획을 수립하고 있다. 산업부 역시 녹색경제 분류체계(Green Taxonomy)에 대한 대응을 시작하고 있으며, 특히 녹색경제 분류체계에 대한 국제적 논의를 위한 국제표준기구(International Standardization Organization)에 대한 대응체계를 갖춰 나가고 있다.

2. 금융권 현황

이하에서는 국내 금융권의 기후금융 대응현황을 연기금과 금융권으로 나누어 살펴보기로 한다.

2.1. 연기금

기후금융을 포함한 우리나라의 ESG(Environmental, Social and Governance)

투자는 글로벌 시장규모인 30조 달러에 비해 턱없이 작고 연도별 투자 변동률도 큰 편이지만 최근 10년간 지속적인 증가세를 보이고 있다. 특히 최근 3년간(2018. 1~2020. 5월) ESG 채권을 발행한 법인이 약 20여개에 달하며 발행규모도 약 58.5조 원에 이르고 있다. 그러나 세계적으로 급격히 확대되는 ESG 투자흐름에 비해 우리나라의 경우 ESG 투자 확대를 위한 전반적인 체제 정비 및 시스템 구축이 미흡한 것이 사실이다.

특히 국민연금을 비롯한 국내 연기금들이 최근 ESG 투자를 명문화 하고 스튜어드십 코드를 도입한 바 있으나, 이의 이행에 대한 정부 및 제도 차원의 점검 및 보완은 이뤄지지 않고 있다. 구체적으로, 해외 주요 연기금의 ESG 투자비중이 높은 이유는 이들의 투자기준 및 체계가 잘 갖춰져 있기 때문이지만, 국내에서는 투자자가 참고할 만한 ESG 평가체계가 갖추어져 있지 않고 투자 효과에 대한 연구도 여전히 미흡한 상황이다. 이는 다시 연기금 등 기관투자자들의 소극적 ESG 투자로 귀결되는 악순환이 되풀이되는 상황으로 이어지고 있다.

표 2-2 국내 3대 공적연기금의 ESG 관련 투자 규모

(단위: 억원)

	2011	2012	2013	2014	2015	2016	2017	2018	2019
공무원연금	738	1,141	1,051	991	1,091	398	739	1,022	1,633
사학연금	523	1,181	1,445	979	1,189	2,124	1,020	1,329	1,263
국민연금	34,497	52,444	62,610	60,007	68,521	63,706	68,778	267,392	321,679
합계	35,758	54,766	65,106	61,977	70,801	66,228	70,537	269,743	324,575
증가율(%)		53	19	-5	14	-6	7	282	20

주: 공시된 연말 평가액 기준
자료: 국회예산정책처(2020)

2019년 말 기준 국내 3대 공적 연기금의 ESG 관련 투자는 약 32.5조 원이며 이 중에서도 국민연금의 비중이 약 99%로 대부분을 차지하고 있다. 자산 규모로 세계 3위안에 드는 국민연금의 2019년 기준 전체 운용 자산(737조원) 중 ESG 투자(32조원) 비중은 4.4%로 경쟁국에 비해 현저하게 낮은 수준이다. 주요국 연기금의 ESG 투자비중은 18% (일본)~63%(호주·뉴질랜드)인데, 일본의 경우 최근 들

어 급등세를 보여 2019년에는 약 30%에 이르고 있다.

국민연금의 선진국 연기금 대비 미흡한 ESG 투자는 2015년에 개정된 「국민연금법」제102조에 따라 기금운용본부가 책임투자를 시행하고 있음에도 불구하고, 현재 책임투자의 대상이 되는 부문이 전체 포트폴리오 중 국내 주식(18%)에만 해당하기 때문이다. 이 결과, 2019년 말 기준 국민연금의 국내 주식투자 금액인 132.3조원에 대한 ESG 투자 32.5조원의 비중은 24.3%로 약 1/4수준으로서 국제적으로 낮다고 할 수 없다. 그러나 국내 채권과 대체투자 등 다른 부문은 책임투자 대상에서 벗어나 있다는 점이 상대적으로 미흡한 ESG 투자 결과로 이어지고 있는 것이다. 국민연금의 국내 주식 ESG 투자도, 제도와 규정의 미비로, 투자대상 선정 및 결과평가를 국민연금이 자체적으로 하는데 있어 시간과 비용이 많이 발생하는 문제가 있다.

채권의 경우 이미 국내 ESG 관련 채권발행이 58.5조 원에 이르고 있다. 따라서 국민연금이 국내 ESG 투자를 채권으로도 확장하면 자체 적으로 ESG 투자대상을 평가하고 관리하는 부담도 줄어들고 국내 ESG 채권시장도 대폭 확대되는 시너지 효과를 거둘 수 있는데, 아직 적용되지 않고 있다.

표 2-3 국민연금의 투자포트폴리오(2019년 말 기준)

구분	계	금융부분										단기자금	복지부문	기타부문
		계	주식			채권			대체투자					
			계	국내	해외	합	국내	해외	계	국내	해외			
금액(천억)	7,367	7,361	2,988	1,323	1,665	3,512	3,208	305	843	248	595	18	2	4
비중(%)	100	99.9	40.6	18	22.6	47.7	43.5	4.1	11.4	3.4	8.1	0.2	0.02	0.1

자료: 국회예산정책처(2020)

국내에서의 ESG 채권투자는 해외 투자자를 대상으로 하는 달러화 채권으로 시작되었다. 2013년 2월 수출입은행이 아시아 금융기관 최초로 녹색 채권을 발행했고 2018년에는 한국수자원공사가 아시아 최초로 '워터 본드'를 발행하는 등 다수의 발행이 이뤄졌다. 그러나 민간기업의 ESG 외화채권은 2016년 3월에야 현대캐피탈이 처음으로 발행하는 등 해외 주요국들보다 상대적으로 상당히 뒤처져 있는 상황이다. 국내 ESG 원화표시 채권의 경우, 2018년 5월 산업은행이 처음 발행한 후 급격히 확대되어 2019년에는 발행 규모가 29.2조원에 달했다. 국내 ESG 원화채권시장의 확대를 위해서는 아직 민간기업들의 책임투자에 대한 낮은 인식을 감안하여, 정부의 강력한 이니셔티브가 필수적인데, 구체적으로 기업의 ESG 관련 공시의무 강화, ESG 평가기준 정립, 발행에 따른 인센티브 도입 등 제도적/ 정책적 뒷받침이 이뤄져야 한다.

2.2. 금융권

최근 국내 4대 금융사는 ESG 경영에 박차를 가하고 있다. 2020년 8월 KB금융지주를 마지막으로 신한금융지주, 하나금융지주, 우리금융지주 등 국내 4대 금융지주사의 지속가능경영보고서가 모두 발간되었다. 이들 보고서는 '환경'이라는 비재무적 가치를 ESG 채권 발행규모와 온실가스 배출 감축량 등으로 수치화한 것이 특징이다. 이전에 비해 지배구조(G)나 사회적 책임(S) 보다 환경(E) 요소의 비중이 크게 늘었는데, 코로나19 확산과 정부의 그린뉴딜 추진 등의 영향으로 향후 이러한 추세는 더욱 속도가 붙을 전망이다.

표 2-4 4대 금융사 ESG 채권 발행현황(2019년)

	ESG채권 발행 규모				ESG채권 발행비율
	합계	지속가능채권 Sustainability Bond	녹색채권 Green Bond	사회적채권 Social Bond	
신한금융지주	1조7907억원	1조1420억원	6487억원	-	10.3%
KB금융지주	1조5982억원	1조4982억원	1000억원	-	15.8%
하나금융지주	6억달러 (약 7100억원)	6억달러	-	-	11.2%
우리금융지주	1조706억원	7368억원	-	3338억원	11.3%
합계	5조1695억원	4조870억원	7487억원	3338억원	

자료: 조선일보(2020.8.18.)

상기한 표에서 볼 수 있듯이, 2019년 4대 금융사가 발행한 ESG 채권 발행규모는 총 5조 1695억원에 달했는데, 이 가운데 기후/환경 분야에 투입된 자금이 2조원을 상회하고 있다. 이와 별도로, 신한금융은 태양광·풍력 등 신재생에너지 프로젝트 파이낸싱(PF)에 5816억원을 투입했으며, KB금융은 2030년까지 탄소 배출량을 2017년 대비 25% 감축하고 현재 20조원 규모의 ESG 채권·투자·상품을 50조원까지 확대하기로 했다. 또 환경파괴나 인권침해 문제가 있는 개발 사업에 대출하지 않는 자율행동 협약인 '적도원칙'을 2021년 도입하겠다는 목표를 내걸었다.

교육청과 지방자치단체 차원의 '탈석탄 금고' 선언도 잇따르고 있다. 탈석탄 금고 선언은 예산을 출납·보관하는 금고 업무를 맡는 은행을 선정할 때 석탄산업에 투자하지 않는 은행을 우대하는 것을 지칭한다. 전국 17개 시도 교육청 가운데 2020년 5월 서울시교육청이 최초로 탈석탄 금고를 선언했고, 이어 충남·세종·부산·전남·경남·울산·충북 교육청 등 8곳이 뜻을 함께 했다.

이렇게 탈석탄 금고 선언을 한 교육청 8곳의 금고 규모는 32조 9132억원에 달한다. 주요 시중은행은 탈석탄 흐름을 금고시장 진입의 새로운 기회로 보고 있으며 2020년 9월 서울시교육청 금고 경쟁에는 NH농협·신한·KB국민·우리·하나은행 등 다섯 은행이 치열한 각축을 벌였다. 은행들은 이미 석탄산업에 투자된 돈이 있어 '석탄 투자 중단'을 전면적으로 선언하기는 어렵지만 친환경 투자 비율을 늘리는 것은 불가피한 선택이다.

이러한 제반 상황을 감안하여, 정부와 감독기관은 금융기관들에 석탄 산업 투자로 부실을 키우기보다 지금이라도 손절하는 것이 더 나은 선택이 될 수 있도록 유도하는 정책을 최대한 속히 시행하는 것이 필요하다 또한, 일부 금융기관에서 석탄산업과 비석탄산업 간의 구분이 쉽지 않다면서 판단을 유보하는 경우가 있는데, 이와 관련하여 독립 기관인 금융감독원에서 명확한 기준을 제시하는 것이 필요하다.

우리나라 민간 금융회사들은 그간 자발적으로 지속가능금융 및 사회 책임경영과 연계하여 기후금융을 추진해 왔는데, 주로 지속가능경영 체계를 구축하고 지속가능경영보고서를 발간하며, 외부 평가기관의 성과평가 등으로 대응해 왔다. 그러나 글로벌 금융시장 및 제도에 기후 리스크가 어떻게 반영되고 있는지에 관심이 높아지면서 기후금융과 관련된 보다 근본적이며 다양한 변화들이 금융권에서 촉발되고 있다.

가장 눈에 띄는 변화로 기후금융 관련 전략 및 조직을 정비하는 금융회사들이 나타나고 있는 것을 꼽을 수 있다. 이들은 기존 사회 공헌 중심의 전략과 조직을 최근의 글로벌 트렌드에 맞춰 기후금융에 특화하여 재정비하는 모습을 보이고 있다. 특히 UNEP의 책임은행 원칙(Principles for Responsible Banking) 도입에 국내 금융회사들이 적극적으로 참여하고 관련된 국제동향 파악과 논의를 선도하고자 하는 모습을 보이고 있는 것은 매우 고무적인 일이다.

또한 일부 국내 금융회사들을 중심으로 녹색채권과 지속가능채권을 발행하고, 관련 금융상품과 서비스를 확대시켜 나가고 있으며, 환경사회 리스크 평가·관리체계를 도입하기 시작했다는 것도 주목할 만하다. 이를 통해 기후금융이 금융회사 경영의 본질인 금융 서비스와 리스크 관리에 통합되는 경향을 보이고 있다.

한국거래소는 TCFD 권고안을 반영하여 환경·사회 관련 정보공시를 강화하고 있다. 한국은행이 2019년 11월 국내 금융감독기구 최초로 NGFS에 가입한 것도 의미 있는 일이다. 한국은행에 의하면, 동행은 NGFS 가입을 통해 기후 및 환경 관련 금융 리스크에 관한 국제논의에 적극적으로 참여하는 한편 국제논의 결과를 국내에 전파하는 등 기후 및 환경관련 금융 리스크에 효과적으로 대응할 계획이라고 밝혔다.

한국은행은 또한 국내 은행의 기후변화 리스크 관리 현황을 파악하기 위한 서베이(2017년 12월, 17개 은행 대상)를 실시한 바 있다. 그 결과, 내부리스크 관리절차 반영 등을 통해 기후변화 리스크를 평가·관리하고 있는 은행은 일부에 불과한 것으로 나타났다. 국내 은행들의 기후변화 리스크 관리 및 기후금융에 대한 대응도 경쟁국 은행들에 비해 전반적으로 미흡한 수준인 것으로 나타났다. 상기한 서베이는 은행의 ① 내부리스크 관리, ② 평판리스크 및 윤리적 운영 관점에서 기후변화 리스크 고려 여부, ③ 환경 친화적 사업 우대 여부, ④ 기후변화 관련 국제권고의 이행 현황에 대한 설문으로 구성되어 있는데, 세부항목별 응답 결과는 다음과 같다.

① 내부리스크 관리

단지 4개 은행이 내부리스크 관리절차를 통해 기업대출 등의 신용리스크 평가 시 환경 리스크를 평가한다고 답변하였다.

② 평판리스크·윤리적 지침

단지 2개 은행만이 평판리스크 관리 또는 윤리적 지침 운영 등을 통해 대출 시 환경 리스크를 고려중인 것으로 나타났다.

③ 환경 친화적 사업 우대

5개 은행만이 에너지 효율 개선, 환경 친화적 사업 등과 관련된 대출에 우대 조건(기간, 금리 등)을 적용한다고 답변하였다.

④ 국제권고 이행

기후변화, 녹색금융 등과 관련된 국제적 권고를 이행하고 있거나 관련 활동10)에 참여하는 은행은 4개에 불과한 것으로 조사되었다.

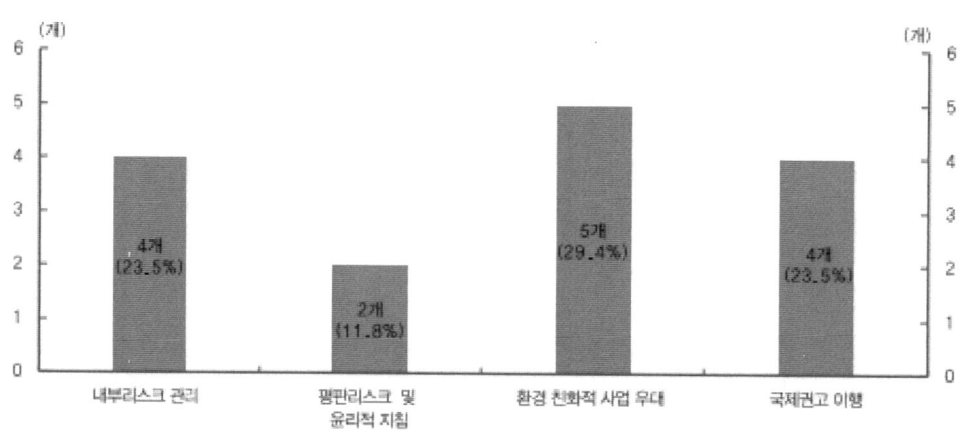

그림 2-2 국내 은행의 기후변화 리스크 관리 현황

주: 1) 17개 국내은행 중 각 항목별 "그렇다"로 응답한 은행 수
자료: 한국은행(2018).

---

10) 탄소정보공개프로젝트(Carbon Disclosure Project), 유엔 환경계획 금융이니셔티브(UNEP Financial Initiative) 등

2.3. 개별 금융그룹의 기후금융 추진사례

금융지주회사를 비롯한 국내 주요 금융회사들은 기후금융 대응이 금융회사의 지속가능한 장기경영에 핵심적인 요소임을 인식하고 다양한 대응방안을 마련·추진하고 있다. 특히, 이들은 기후변화라는 거시적·전 지구적 환경변화에 대응하여 지속가능 경영 차원의 종합적인 대응을 모색하고 있다. 이를 각 금융그룹으로 나누어 살펴보면 다음과 같다.

2.3.1. 신한금융그룹

신한금융그룹은 "사회책임경영"을 목표로 서민과 중소기업을 위한 포용적이고 혁신적인 금융지원을 강화하는 한편 신재생에너지와 환경 산업에 투자하는 녹색금융 활성화에 초점을 맞추고 있다.

그림 2-3 신한금융그룹의 사회책임경영 추진 연혁

자료: 신한은행 내부자료

동 그룹의 2020년 사회책임경영의 구체적 실행전략은 〈그림 2-4〉에 나타나 있다.

그림 2-4 신한금융그룹의 사회책임경영 구체적 실행전략

2020 CSR 전략		전략지표별 목표	
3대 지향점	6대 전략방향	전략지표	2020년 목표
Ⅰ. 책임 있는 성장	고객가치 제고를 위한 솔루션 제공	① 고객만족도	94.2점 (年 0.2점 상승)
		② 디지털금융 가입률	72.2% (年 2% 확대)
		③ 금융경제교육 인원	1백만 명 ('12년~, 누적)
	공정하고 윤리적인 비즈니스	④ 윤리교육 이수/서약율	98%
Ⅱ. 사회적 동반관계 형성	금융 포용성 제고	⑤ 서민금융 지원	6.3조원 (취급액)
		⑥ 창업생태계 지원	6.6조원 (순증액)
	창의적 열린문화 구축	⑦ 임직원 교육시간	年100시간 (1인당)
		⑧ 스마트근무제 참여율	65%
Ⅲ. 미래를 향한 투자	긍정적 사회책임 실현	⑨ 친환경 금융 지원	20조원 (~'30년 순증액)
	환경사회적 리스크관리	⑩ 온실가스배출량 감축율	20% ('12년~'30년)

자료: 신한은행, 사회책임경영위원회 결의, 2017. 5.

신한금융그룹은 또한 그룹사별로 다양한 형태의 기후금융 지원을 제공 하고 있는데, 이를 살펴보면 다음의 〈그림 2-5〉과 같다.

그림 2-5 신한금융그룹의 그룹사별 기후금융 지원현황

구분	주요 내용
금투	● 에너지 전환정책에 부응한 친환경 기업, 프로젝트 IB 확대 / 실적 6,026억원 • [해외 친환경IB] 미국 셰일오일 개발사 증권 발행 3,227억, 스페인 폐기물 관리업체펀드 인수 637억 • [국내 친환경IB] 태양광/풍력 업체 회사채 및 증권 발행/인수 2,082억 • [그린사업 투자] 신재생에너지 펀드(LP: 국민연금) 투자 80억
생명	● 안정적 운용수익 실현 위한 ESG 우수기업 및 환경부문 책임투자 / 실적 2,683억원 • [그린산업] 전남 무안 태양광발전 펀드 200억, 국내외 태양광발전 펀드(GP: IBK, 운영: 한화큐셀) 200억 • [변액보험] '진심을 품은 변액종신보험' 국내 SRI(사회책임투자) 펀드 등 2,283억
자산운용	● 클린에너지, 친환경 수송 등 ESG 투자자산 성장 / 실적 1.7조원 • [그린사업] 일본 태양광발전 3,253억, 그린에너지 4,021억 등 • [친환경교통] 서울시지하철9호선 1,980억, 부산마산복선전철BTL 1,422억, 의정부경전철 1,012억 등 • [자원효율] 스페인 폐기물 관리업체 대출채권 투자펀드 1,870억 • [책임투자] Tops 아름다운 SRI 펀드 수탁고 486억

구분	주요 내용
은행	● 신재생·친환경 에너지 시장 대출 및 ESG 자금조달 확대 • [그린산업] 에너지, 환경·지속가능부문 기업대출 총 12조 7,792억원 • [그린프로젝트] 일본 태양광발전 764억, 신재생에너지 펀드(LP: 국민연금) 500억 등 총 2,831억원 • [그린설비] 선박의 친환경 설비 설치소요자금 대출「친환경 설비개량 이차보전사업」 381억 • [그린자금조달] 지속가능성채권 4억불('19.4), 녹색채권 5억유로('19.10) 발행 ● 친환경 및 에너지 고효율 설비, 제품 도입 추진 • 전기차 시범도입(5대) 및 충전인프라 구축, 고효율 인증제품 구매, 친환경 건축자재 사용

카드	● 친환경 컨셉 Eco 카드 출시 (Deep ECO) / 실적 689억원
	• "건강한 나 & 지구 만들기" 컨셉下 고객의 친환경 소비활동 촉진 위한 서비스 구성
	  - 대중교통 / 전기차 충전 / 공유 모빌리티(따릉이, 쏘카) / 리사이클링 이용 지원,
	    ECO포인트 적립 後 환경단체 자동 기부

자료: 신한금융그룹 내부자료

2.3.2. KB금융그룹

KB금융그룹은 기업활동 전반에 ESG 기준을 적용하고, 특히 지속가능 금융 관련 상품의 개발·출시와 투자 확대를 지속해 왔다. 특히 2019년 9월 KB금융그룹은 UNEP FI '책임은행원칙(Principles for Responsible Banking)'에 서명기관으로 참여하였고 CDP, TCFD 등 글로벌 기후금융 이니셔티브에 참여한 바 있다.

2018년 10월 국내 시중은행 최초로 3억 달러 규모의 만기 3년 지속 가능채권을 발행했으며 2019년 2월에는 아시아 최초로 4.5억 달러 규모의 만기 10년의 장기 후순위 지속가능채권을 성공적으로 발행한 바 있다. 지속가능채권 발행으로 조달된 자금은 사회취약계층 지원과 일자리 창출 및 신재생 에너지 개발, 환경 개선사업지원 등 적격한 투자사업 및 대출사업에 배분되었다.

그림 2-6 KB금융그룹의 지속가능채권 발행실적

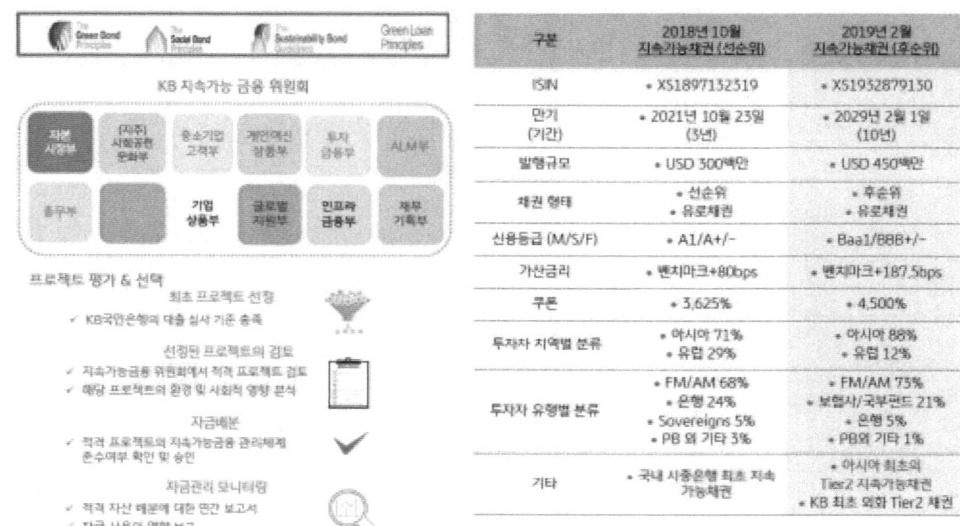

자료: KB금융그룹

2.3.3. 하나금융그룹

하나금융그룹은 '지속가능경영'과 '사회적 경제 활성화'라는 두 축을 중심으로 기후금융을 지원하고 있다.

그림 2-7 하나금융그룹의 지속가능경영 활동

- **지속가능경영 실천을 위한 지배구조 확립**
  [행복나눔위원회의 설치 및 운영]
  - 지속가능 및 사회책임경영 부문 최고 의사결정기구 설치
  - 그룹CEO(위원장) 및 각 관계회사 대표이사 등 최고의사결정권자로 구성

  [스튜어드십 코드 도입]
  - 2019년 하나금융그룹의 5개 관계사가 스튜어드십코드 도입 결정
    (KEB하나은행, 하나금융투자, 하나생명, 하나대체투자자산운용, 하나벤처스)

  지속가능성, ESG관련 금융투자의 확대
  [지속가능채권 발행]
  - KEB하나은행, 2019년 1월30일 미화 6억불 규모의 지속가능채권 발행
  - KEB Hana Bank Sustainable Financing Framework에 부합하는 사업에 대해 채권발행 금액을 배정, 사용함으로써 사회책임경영 실천

- **SDG 연계 사회책임경영의 실천**
  [SDG-5 양성평등]
  - 전국국공립 90개, 직장어린이집 10개 설립을 통해 보육인프라확대에 기여함으로써
    #일·가정 양립, #여성의 경력단절 완화를 통해 양성평등 실천에 기여

  [SDG-8 양질의 일자리 창출]
  - 사회적경제 활성화 프로그램 「하나파워온 챌린지」, 「하나파워온 임팩트」을 운영함으로써
    #발달장애인 일자리 문제 해결, #사회혁신기업지원을 통한 청년층 양질의 일자리창출

  [SDG-13 기후변화대응]
  - 환경경영시스템 도입과 배출량목표관리제 이행함으로써
    #그룹사 차원 환경방침을 수립, #실천가능한 환경목표 설정을 통해 기후변화 관련 조직회복력 강화

자료: 하나금융그룹

그림 2-8 하나금융그룹의 사회적 경제 활성화 활동

- **사회혁신기업 지원을 통한 사회적경제 활성화**
  - 사회혁신기업 성장 지원 및 일자리 창출에 기여 → 사회적경제 생태계 조성 및 활성화
  - 하나 파워온 챌린지/임팩트, 소셜벤처 아카데미: 혁신기업 성장지원 및 기업가 양성
  - 취업연계 장애인 맞춤 직업 훈련 프로그램 등 : 사회문제해결, 취약계층 일자리 창출
- **사회적 관심이 필요한 소외계층(장애인, 저소득층, 독립유공자 후손, 다문화 가정 등) 지원**
  - 장애인 인식개선, 장애인 스포츠 지원, 저소득 소외계층 및 다문화 가정 지원 강화
  - 임시정부 및 3.1운동 100주년을 맞이하여 어렵게 생활하는 독립유공자 후손 지원
- **글로벌 사회공헌**
  - 4차 산업혁명을 주도하는 글로벌 디지털금융으로써 동남아국가 IT 교육 지원
  - 新남방정책 및 그룹의 글로벌채널전략을 반영한 Hana Happy Class 봉사활동 추진
- **손님과 함께 성장하는 사회적 책임 실천**
  - 전통예술계승을 위한 메세나 활동 강화 및 비인기스포츠 후원 증대
  - 금융교육, 자연사랑 어린이 미술대회 등 청소년 건전성장 프로그램 강화
  - 지속가능경영성과의 투명한 공개를 통해 글로벌 책임경영실천역량 강화

자료: 하나금융그룹

3. 기업 대응 현황

3.1. 기후변화가 기업경영에 미치는 영향

심각하고 급격한 기후변화는 우리나라뿐 아니라 전 세계에 거쳐 일어나고 있는 현상이며, 기후변화로 인한 피해를 최소화하고 기후 변화 사회에 적응하기 위한 전 세계의 공동노력은 지속되고 있다. 1992년 유엔기후변화협약을 채택한 이후 전 세계는 지구 온난화에 대응하기 위해 교토의정서, 파리협정 등의 유의미한 결과물을 산출해 낸 바 있다.

최근 미국 트럼프 대통령의 파리협정 탈퇴 선언으로 기후변화 대응에 박차를 가하던 각국의 공동노력이 주춤하고 있다. 국제사회에서, 특히 온실가스 감축 및 기후변화 공동대응차원에서 미국의 비중 및 영향력은 상당한 것이 현실이다. 하지만 국제협약의 가입·탈퇴 등에 관한 행정 절차, 다른 국가들의 반응 및 국제사회의 분위기, 그리고 현재 진행되고 있는 기후변화 현상의 심각성 등을 고려할 때, 기후변화 및 이에 대한 대응방안 모색은 앞으로도 여전히 국제사회의 주요 쟁점이 될

것으로 예상된다. 이러한 움직임은 미국의 바이든 행정부가 들어서면서 더욱 가속화될 것이 자명하다.

특히 2020년 이후 출범하는 신기후체제 하에서는 더욱 강력한 환경규제가 불가피할 것으로 예상되므로, 우리 정부는 기후변화 및 이와 관련된 제도적 변화가 우리 경제 및 산업에 미치는 영향을 다각도로 예측·분석하고, 변화를 경쟁력 제고의 기회로 만들 수 있는 산업정책 수립이 필요하다. 구체적으로 온실가스 감축을 위한 다양한 규제는 기업 등 경제 주체에 비용부담이 될 수 있다는 점에서 기후 변화는 기업 및 산업 활동에 중요한 위험요소라고 할 수 있는 반면 환경규제를 산업구조 고도화 등 산업정책의 수단으로 활용하여 국제 시장에서 경쟁력을 확보할 수 있다면 기후변화는 기업활동에서 기회 요소로 작용할 가능성도 있다.

3.2. 국내 기업들의 기후금융 대응 현황

2020년 상반기 현재, 대부분의 국내 기업들은 기후변화 및 기후 변화와 관련된 제도적 변화가 그들의 경영에 미치는 영향에 대해서만 촉각을 곤두세울 뿐, 기후금융 자체에 대한 인식과 관심은 극히 낮은 실정이다. 은행, 보험 등 재무적 투자자를 제외하고 기후금융에 관심을 가지고 있는 기업들은 신재생에너지 관련 공기업, 풍력/태양열/ 연료전지 관련 시공사, 관련의 사업의 개발사 및 운영사, 공급업체 등에 국한되어 있는 실정이다. 이들 사업은 상당한 자금이 투입될 수밖에 없다는 점에서 관계자들이 자금조달에 관심을 가지는 것은 필연적이지만, 이들도 PF 등 프로젝트 단위의 효율적 파이낸싱에 대한 전문가는 많지 않아서 기존의 정책, 제도 및 금융상품을 해당 프로젝트에 수동적으로 적용하는 정도에 그치고 있다.

하지만, 기후금융의 성격과 범위 상, 규모나 업종에 관계없이 국내 기업 대부분의 경영과 재무관리에 지대한 영향을 미치는 것이 사실이다. 따라서, 업종 및 프로젝트 유형별로 효율적 기후금융 조달방안을 수립하는 것은 해당 기업의 가치와 경영성과에 지대한 영향을 미치는 요소라고 할 수 있다.

KIEP(2018)는 해외 기후인프라 사업을 수행해 본 경험이 있는 담당자들과의 면담 및 약식 설문조사를 통해서 국내 기업들이 해외 기후 인프라 사업수행 과정에서 겪는 어려움을 조사한 바 있다. 그 결과 기후 인프라에 대한 명확한 인식 부족, 자금 조달의 어려움, 국내외 사업실적 부족, 사업 개발 및 관리역량 부족 등이 국내 기업들이 경험하고 있는 주요 장애요인으로 분석되었다. 그러나, 본 조사는 해외사업에 초점을 맞춰 국내 기후금융 투자 및 사업에서 국내 기업들이 겪는 제도적 문제점, 애로사항, 해결방안에 대한 언급은 없었다.

기후금융 - 지속가능한 미래를 여는 열쇠

Ⅲ. 기업들의 기후금융 재원 유형 및 자금조달 현황

1. 공적 재원
2. 민간 재원
3. 최근의 전 세계 기후금융시장
4. 국내 기업들의 자금조달 실태 및 문제점
5. 관련기업 인터뷰를 통한 국내 기후금융의 현황/문제점 분석

III. 기업들의 기후금융 재원 유형 및 자금조달 현황

1. 공적 재원

　일반적으로 "기후금융 투자"라 함은 기후변화의 감축(mitigation)과 적응(adaptation) 목표를 달성하기 위한 저탄소 기후탄력적 인프라 (infrastructure)에 대한 투자를 의미한다. 즉, 온실가스 배출량 감축에 기여하고 기후변화의 영향에 대응하며 손실을 최소화하기 위한 모든 인프라 및 시설에 대한 투자를 의미한다. 이때의 기후금융 투자는 신규 인프라(green field) 사업뿐 아니라 기존 시설을 개선하기 위한 활동(brown field) 모두를 포함하는 개념이다.

　장기간에 걸쳐 대규모의 투자 자금이 요구되는 인프라 사업의 특성 상, 특정 사업의 사업주(sponsors)는 자신이 주도하여 설립한 별도 법인[11])을 통해 자기자본과 타인자본 혹은 이들의 중간적 성격을 가진 메자닌 금융(Mezzanine Finance)으로 소요자금을 조달하게 된다. 기후금융 사업 또한 동일한 방식으로 재원을 조달한다는 점에서 여타 사업과 다를 것이 없으나 기후금융은 저탄소 및 기후탄력적 요소를 고려하기 때문에 온실가스 감축 또는 기후변화 적응을 위해 조성된 기후재원(climate finance)이나 여타의 개발재원(development finance)을 사용할 수 있으며, 다자간투자보증기구(MIGA[12])) 등이 제시하는 다양한 위험관리 지원방안을 활용할 수 있다는 점에서 여타 사업과 차별화된다고 할 수 있다.

　일반적으로, 기후금융에 사용되는 재원을 공적(다자) 재원과 민간 재원으로 나눌

---

11) 특수목적회사(Special Purpose Company)의 형태로 설립된 Project Company를 의미함
12) Multilateral Investment Guarantee Agency, 세계은행그룹 산하의 보증전문기관

수 있는데, 전자는 다음과 같이 6대 다자개발은행(MDBs)[13] 혹은 다자기후기금[14]을 통한 지원을 일컫는다.

1.1. 다자개발은행

일반적으로 다자개발은행들은 개도국 등지에서 수원국 정부와 민간 간의 협업을 돕는 매개체로 기능하며 역내 기후인프라 구축을 위해 다양한 지원을 제공하고 있다. 즉, 선진국 정부의 공여만으로는 부족한 기후금융 자금수요를 보충하고, 민간자본의 투자가 어려운 지역이나 분야에 지원을 제공함으로써 민간의 투자를 유인하는 역할을 수행하는 것이다.

2017년 중 전 세계 6대 다자개발은행은 전년대비 28.3% 증가한 총 352억 1,900만 달러의 기후금융 재원을 조성한 바 있다. 이들은 해당 년도에 평균적으로 자신이 보유한 총 재원의 약 25%를 기후재원으로 사용하였으며, 그중 약 94%는 자체 계정, 6%는 자신이 운영·조달한 외부 재원(신탁기금 등)으로 구성되었다.

기관별로는 세계은행그룹(WBG)이 기후금융의 최대 공급원으로서 2017년 총액의 37.5% 비중을 차지하고 있으며 지역별로는 아시아·태평양 지역이 최대 투자처였으며, 그중 절반 정도가 남아시아로 집중되어 있는 상태이다. 금융지원의 형태는 투자대출(80.7%)을 중심으로 정책기반 대출(5.7%), 보증(4.3%), 증여(4.0%), 라인 오브 크레딧(2.7%), 지분(1.7%) 등으로 다양한 편이다.

다자개발은행을 통한 기후금융 관련 협조융자(CCF: Climate Co-Financing)[15]를 살펴보면 〈그림 3-1〉에 나타나있는 바와 같다. 2017년 기후 관련 협조융

---

[13] 아시아개발은행(ADB: Asian Development Bank), 아프리카개발은행(AfDB: African Development Bank), 유럽부흥개발은행(EBRD: European Bank for Reconstruction and Development), 유럽투자은행(EIB: European Investment Bank), 미주개발은행(IDB: Inter-American Development Bank), 세계은행그룹(WBG: World Bank Group)을 지칭.

[14] 다자기후기금은 다자(multilateral) 및 국가/지역의 복수 후원자(national /regionalmulti donor)가 조성한 기후기금을 통칭. 아마존 펀드(Amazon Fund), 콩고분지산림펀드(CBFF: Congo Basin Forest Fund) 및 인도네시아 기후변화 신탁기금(ICCTF: Indonesia Climate Change Trust Fund)이 후자에 속함

[15] 서로 다른 금융권에 속한 복수의 금융기관들이 대주단을 형성한 후 특정 프로젝트 수행에 필요한 자금을 제공하는 방식.

자의 규모는 총 517억 1,800만 달러였으며 민간의 비중이 증가 추세이긴 하나 아직 공공 부문이 우세한 상태이다.

그림 3-1 기후 관련 협조융자 규모 (2015~17년, 백만 달러)

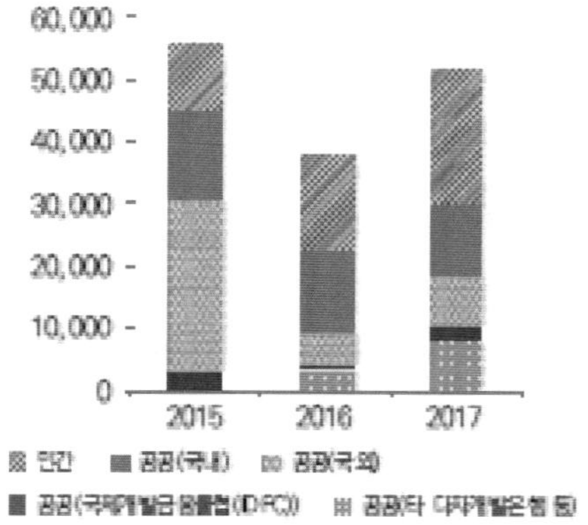

자료: KIEP(2018).

1.1.1. 세계은행그룹의 기후금융 지원

세계은행그룹(World Bank Group: WBG)은 기후변화가 동행의 두 가지 미션(극심한 빈곤 종식 및 경제번영 공유) 달성에 큰 위협 요인으로 판단하고 있다. 동행은 극심한 빈곤 해소 및 기본적인 서비스 제공, 회복력 강화, 적응설비 증가 등을 위한 적절한 조치가 취해지지 않으면, 기후변화의 영향으로 2030년까지 1억명의 인구가 추가로 빈곤상태가 된다고 전망하고 있다.

기후변화의 인류 건강에 대한 영향은 이미 측정 가능하며, 이러한 영향은 더욱 커질 것으로 전망된다. 세계보건기구(WHO)에 따르면, 탄소배출과 관련된 오염물질은 매년 7백만 건 이상의 조기사망과 관련되어 있으며, 이에 따른 건강관련 직접 비용은 2030년까지 매년 20~40억 달러에 이를 전망이다.

특히 WBG의 지원대상국인 개발도상국과 저소득 국가들이 기후 변화에 따른 영향에 취약한 것으로 나타남에 따라 동행이 기후변화 대응의 최일선에 나서고 있는 것이다. 개도국 등의 기후변화 사업에는 그 속성상 막대한 자금이 소요되고 경제적 파급효과도 큰 바, WBG와 같은 국제기구의 선도적 역할이 필수적으로 요구된다.

WBG의 기후 변화 대응 제고는 전 세계에서 지속가능한 발전을 위한 다양한 투자 기회로 이어지고 있으며, 이는 다시 해당 산업의 혁신을 촉발하고 녹색산업 및 일자리 창출로도 연결되고 있다. 이와 관련하여, IFC (International Finance Corporation)는 2016년 21개 개발도상국의 자발적 공약(NDC) 이행에 따른 기후변화 투자기회의 규모를 23조 달러로 추정한 바 있다.

WBG는 이미 2020년까지 기후변화 영향에 대한 회복력 제고, 저탄소 개발을 통해 지속적인 빈곤해소 및 경제적 번영 공유에 기여하는 것을 목표로 설정한 바 있다. 동행은 포트폴리오 중 기후금융의 비중을 2016년 21%에서 2020년 28%까지 확대하고 있으며, 지원 규모는 연간 290억 달러에 이르고 있다. 이러한 목표 달성을 위하여 WBG 자체자금 및 민간자금뿐만 아니라 각국 정부의 양허성 자금의 지속적인 공급이 중요할 것으로 판단하고 있다.

2016년에는 기후금융 목표 달성을 위한 'Climate Change Action Plan'을 수립, 4개 분야의 우선순위와 이에 따른 세부목표를 설정 했다(〈표 3-1〉 참고). 이 계획은 5년간 기후변화 대응조치를 강화하고 파리 협약에서 개발도상국들이 제출한 자발적 공약(NDC)을 달성할 수 있도록 지원하기 위한 것인데, 세부 우선순위로 ① 각국의 기후정책 지원, ② 민간자본 유인, ③ 기후금융 규모 확대, ④ 내부 프로세스 정비 및 협력 증진을 선정한 바 있다.

2017년에는 UN과 협력하여 개발도상국의 기후분야 투자를 지원하기 위해 정부, 금융기관, 투자자, 자선기관, 다자은행들을 아우르는 새로운 플랫폼인 'Invest4 Climate'을 구축했다.

표 3-1. 'WBG Climate Change Action Plan'의 우선순위 및 세부 목표

우선순위	목 표
① 각국의 기후정책 지원	• 2020년까지 가장 빈곤한 국가를 중심으로 개발 및 기후 어젠다를 통합하는 정책 전환을 지원
② 민간자본 유인	• 양허상 기후자금 활용을 통하여 회원국의 기후회복 및 저탄소 프로젝트에 대한 민간자본 유입을 지원 • IFC는 기후분야에 대한 자체 투자규모를 5년 내 23억달러에서 35억 달러로 확대하고, 2020년까지 매년 130억달러의 민간분야 투자자금을 유치할 계획
③ 기후금융 규모 확대	• 직접 투자 및 혁신적인 솔루션을 통해 다양한 부문에서 기후관련 활동을 증대 • WBG이 수행하는 활동의 28% 이상이 기후분야에 동반이익을 창출할 수 있도록 할 계획이며, Action Plan에서 제안된 75% 이상의 계획에 대하여 성과 측정이 가능하도록 할 것임
④ 내부 프로세스 정비 및 협력 증진	• 외부기관과의 협력을 통해 특히 각국의 자발적 공약(NDC) 이행을 위한 혁신적인 솔루션을 개발·수행하고, 세계 기후관련 논의에 기여 • 모든 프로젝트 평가 시 기후리스크 및 탄소배출 관련 사회적 비용을 평가 • IFC는 모든 업무수행과 관련된 기후 및 탄소리스크를 측정 예정

자료: WBG(2016), Climate Change Action Plan 2016-2020.

World Bank의 조직 중 Global Themes[16]의 기후변화 담당부서에서 종합적인 기후변화 관련 업무를 조정하고 있으나, 그 외 모든 업무 단위에서도 기후변화를 고려하도록 구조화되어 있다. 구체적으로, Global Themes의 기후변화 담당부서에서 모든 WBG 업무단위와 협력하여 고객 대상 기후업무, 그룹 전체적인 전략 수립을 지원 하고, 기후변화 이슈에 대한 그룹 전체의 대변인 역할을 수행하고 있다. 이외에도, 기후변화 관련 지표 개발, IDA의 기후업무 조정 및 모니터링 역할과 CIFs, IFC-Canada Climate Change Program, Forest Funds, Carbon Funds 등의 기후기금을 주관하는 역할도 수행한다.

대부분의 Global Practice 부서에도 기후변화 업무를 중점적으로 수행하는 담

---

[16] World Bank의 조직은 General Management Units, Regional Units, Global Practices, Global Themes로 나뉘어져 있으며, Global Themes는 5개 분야(① Climate Change, ② Fragility, Conflict and Violence, ③ Gender, ④ Infrastructure and Public-Private Partnership, ⑤ Knowledge Management)로 구분됨

당자가 포함되어 있으며, 기후변화에 집중하는 팀이 부서 내에 별도로 조직되어 있는 경우도 있다. IFC에는 각 산업부서 및 지역, 자문, 운영 조직의 기후담당으로 구성된 Climate Business Network가 조직되어 있으며, WB의 Global Themes 소속인 Climate Business Department에서 네트워크 운영, 전략 개발, 중점 지원 업무 등을 담당한다.

WBG의 기후금융 추진사례를 들어보면, 우선 2011~2016년 기간 중 온실가스 감축(Mitigation) 및 기후변화 적응(Adaptation) 관련 1,000개 이상의 프로젝트에 630억 달러를 지원한 바 있다. 동 기간 중 연평균 103억 달러 규모의 지원이 이루어졌으며 WBG 전체 지원규모의 21%를 차지했다. 총 지원의 73%는 온실가스 감축, 27%가 기후변화 적응 분야에 지원되었다. 기후분야에 대한 금융지원 외에도 프로젝트 디자인 등 정책 및 기술자문 역할도 수행했다.

2017년 WBG 분야별 대출실적을 살펴보면, IBRD의 경우 '환경 및 천연자원 관리분야'에 72억 달러(23%), IDA의 경우 58억 달러(17.4%)가 지원되었다.

World Bank와 IFC는 기후금융 수행을 위한 그린본드 발행에도 적극적으로 참여하여 세계 최대 그린본드 발행기관 중 하나이다. 2017년 4월 기준 World Bank는 130건, 100억 달러, IFC는 77건, 58억 달러 규모의 그린본드를 발행한 바 있다.

WBG가 지원한 주요 기후금융 프로그램 사례를 보다 자세히 살펴보면 다음과 같다.

(1) Scaling Solar Program

본 프로그램은 2015년 사하라 이남지역 아프리카 국가들(잠비아, 세네갈, 마다가스 카르, 에티오피아 포함)의 태양광 발전시설 개발을 지원하기 위하여 시작되었다. 아프리카의 경우 태양 에너지가 가장 풍부한 반면 인구의 1/3 이상이 전기이용을 못하고 있는 현실에 착안, 각국 정부의 태양광 발전 프로젝트에 자금 및 위치선정을 지원하고 개발업체로 하여금 발전된 전력을 경쟁력 있는 가격으로 판매할 수 있도록 지원하는 것이 주된 내용이다. WB(IBRD 및 IDA)의 보증, MIGA의 투자 보증, IFC의 금융지원 등 다양한 수단을 활용하여 민간자본 유치도 도모하고 있다. 본 프로그램을 통해, 2017년 2월에는 잠비아의 산업개발공사(Industrial Development Corporation)가 500MW 규모의 청정/재생에너지 프로젝트를 개발하기로 IFC와 협정을 체결한 바 있다.

(2) China Energy Efficiency Financing Program

2006년 중국의 중소기업(SME)의 에너지 효율 향상 및 이를 통한 기후 악영향 감소를 목적으로 시작된 프로그램이다. IBRD 자금이 Participating Financial Intermediary(PFI)를 통해 에너지 보존 프로젝트를 수행하는 기업 또는 에너지 서비스회사에 대출 형식으로 지원되는 것이 핵심 내용이다. 1차 프로젝트 비용 571백만 달러 중 200백만 달러, 2차 프로젝트 비용 151.6백만 달러 중 100백만 달러, 3차 429백만 달러 중 100백만 달러 등 여러 차례에 걸쳐 세계은행 자금이 지원된 바 있다.

세계은행그룹은 또한 6대 다자개발은행 중에서도 가장 큰 규모의 기후재원을 제공하는 공급원이다. 2017년 그룹 운용재원의 약 21%인 132억 1,300만 달러를 기후금융으로 지원했다. 그룹 내에는 〈그림 3-2〉와 같이 총 5개의 기구가 있는데, 그 중에서도 세계은행(WB), 국제금융공사(IFC), 다자간투자보증기구(MIGA)가 기후금융과 직접 연관 되어 있다.

WB는 주로 중소득국을 위한 투자대출을 제공하는 국제부흥 개발 은행(IBRD)과 저소득국을 위해 양허성 자금을 지원하는 국제개발 협회(IDA)로 구분되며 IFC는 주로 개도국을 대상으로 사업을 추진하는 민간기업에 대한 투자와 자문을 담당하고 MIGA는 개도국의 정치적 위험 등에 대한 민간투자보증을 지원한다.

그림 3-2 세계은행그룹(WBG)의 조직 체계

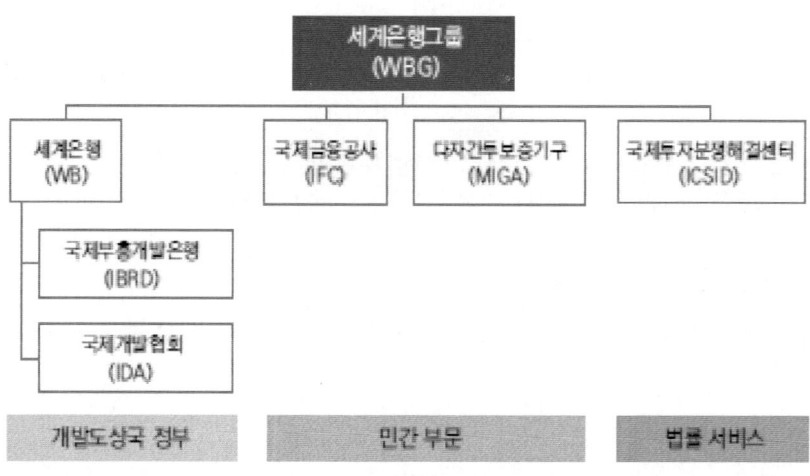

자료: KIEP(2018).

WB의 개별 기후금융 프로젝트에 대한 지원 여부는 [발굴] - [준비] - [심의] - [협상 및 승인] - [시행 및 지원] - [완료 및 평가] 등 총 6단계를 거쳐 결정된다. IFC의 경우 투자를 유치하고자 하는 민간 사업자가 개도국 대상 투자 건에 대한 제안서(Investment Proposals)를 제출하면 이를 심사하여 승인 여부를 결정한다. MIGA는 회원국 소속 투자자(사업자)가 진행 또는 계획 중인 개도국 투자 건에 대해 예비신청서(Preliminary Application)를 제출하면 심사를 거쳐 지원여부를 결정한다.

표 3-2 WB의 금융지원 결정과정

세계은행(WB)의 프로젝트는 아래와 같이 총 6단계를 거쳐 추진되며, 관련 지침과 문서 양식은 공식 홈페이지에 공개되어 있음

① 프로젝트 발굴: 은행 내 프로젝트 부서는 「국가 파트너십 프레임워크(CPF)」를 기반으로 발굴한 특정 프로젝트에 대해 수원국 정부와의 협의를 거쳐 컨셉노트(PCN)를 작성한다. 또한, 프로젝트 정보 문서(PID: Project Information Document), 통합세이프가드데이터(Integrated SafeguardsData Sheet) 공개를 준비한다.

② 준비: 차주(Borrower)인 수원국 정부와 사업 이행기관은 위의 프로젝트에 대한 타당성 평가를 수행하고, 엔지니어링 및 기술 설계 등을 준비한다. 이를 위해 컨설턴트나 연관 기관을 고용하며, 필요시 프로젝트의 환경 및 사회적 영향을 분석한 보고서*와 조달 계획을 작성하기 시작한다. WB는 주로 자문 역할을 수행하며, 사업 이행기관의 적합성을 평가한다.

③ 심의: 앞서 1~2단계에서 수행했던 과정을 종합적으로 검토하고, 상임이사회에 제출할 공식 문서들을 준비하기 시작한다.

④ 협상 및 승인: 프로젝트 전반에 대한 최종 합의가 이루어지면, 상임이사회는 상정된 투자 건에 대한 프로젝트 심의 문서(PAD: Project Appraisal Document) 또는 개발정책에 대한 프로그램 문서(Program Documents)를 심사한다. 승인되는 경우 위의 문서는 공개되며, 관련 문서(차관계약서 등)에 서명한다.

⑤ 시행 및 지원: 수원국 정부는 프로젝트 추진을 위해 필요한 재화나 서비스를 조달하고자 입찰 등을 진행한다. WB는 투자 대출과 기술지원을 제공하고, 재원 사용을 비롯한 프로젝트 전반을 감독한다. 사업 시행기관은 정기적으로 시행 현황 및 결과 보고서(Implementation Status & ResultsReport)를 제출해야 한다.

⑥ 완료 및 평가: 은행 내 담당 부서는 프로젝트의 성과, 문제점, 교훈 등을 담아 시행 완료 및 결과 보고서(Implementation Completion & Results Report)를 작성하여 제출하며, 이후 해당 프로젝트를 사후 평가하는 과정을 거쳐 종료된다.

자료: KIEP(2018).

기후금융 프로젝트 조달 공고에 참여하는 업체를 평가하는 요소로는 가격(운영비용 포함), 품질, 리스크, 경제·환경·사회적 지속가능성, 혁신 등이 있다. 특히 중·대형 인프라 프로젝트는 참여 의사를 표명한 업체의 적격성을 미리 평가한 후 이를 통과한 업체만 초대하여 경쟁 절차를 진행하는 경우가 많다. 이러한 사전심사 과정에서 시행업체의 자격(국적, 이해상충 등), 계약 불이행 내역, 재정 현황 및 실적, 경험, 유사계약 수, 관리 역량 등이 검토된다.

입찰요청(RFB) 건은 사전적격심사(Pre-Qualification)에서 통과 여부 (Pass/Fail)만을 검토하거나 아예 생략할 수도 있고, 가격 경쟁력이 가장 중요한 낙찰 기준 중 하나이다. 제안요청(RFP) 건의 경우 초기 선정(Initial Selection) 단계를 통해 선발된 상위 그룹만 후속 단계로 초대한 후, 선정 기준에의 대응성(responsiveness), 기술제안서 및 재무제안서를 종합적으로 평가하여 최고점을 받은 업체를 최종 선발한다는 점에서 차이가 있다.

세계은행그룹은 2020년까지 기후재원 비중을 전체 포트폴리오의 28%로 확대할 예정이다. 이를 위해 청정에너지, 기후 스마트 농업, 재해 위험관리, 지속가능한 도시화 분야에 대한 목표를 담은 「기후변화 행동계획(Climate Change Action Plan)」을 채택한 바 있다. WBG는 또한 2019년부터 석유와 가스 추출 프로젝트에 대한 재정지원을 중단했다. 이러한 중·장기 계획들은 모두 기후 금융과 밀접히 연관되어 있어 해당 분야로의 관심과 투자가 더욱 활발해질 것으로 보여 국내 기업과 금융회사들은 그 내용에 주목해야 할 것이다.

1.1.2. 아시아개발은행(ADB)의 금융지원

아시아·태평양 지역의 빈곤 퇴치, 경제성장 및 역내 협력을 촉진 하기 위해 설립된 아시아개발은행(ADB)은 2017년 기준 운용재원의 약 23%인 52억 3,400만 달러를 기후금융으로 제공했다. 해당 재원은 대출을 중심으로 지분 투자, 증여, 신용 보증, 기술지원 등의 형태를 띠고 있다(〈표 3-3〉 참조). ADB는 지원이 필요한 개도국 회원국을 크게 세 가지 그룹(A~C)으로 분류한 후 그룹별로 제공 가능한 자금 원을 규정하고 있다.

표 3-3 아시아개발은행(ADB) 기후재원 내 주요 자금원 및 지원 방식

	자금원	지원방식
ADB 기금	일반자금 (Regular OCR)	대출 지분 투자 신용 보증
	양허성 일반자금 (Concessional OCR)	대출
	아시아개발기금(ADF)	증여
ADB 특별기금	기술지원특별기금(TASF) 등	기술지원
기타	협조융자(신탁기금 등) B론(B-Loan)	대출 증여 기술지원

자료: KIEP(2018).

ADB가 주도하는 기후금융 프로젝트는 전술한 세계은행(WB)과 유사 한 방식과 절차를 통해 추진된다. 즉, 추진하고자 하는 프로젝트 관련 정보(요약, 프로젝트 개요, 타당성 조사, 사업주 정보, 소유 및 관리구조, 예상 비용, 자금조달계획, 위험분석 등)가 RFP에 포함되어야 하며 은행 내 투자위원회의 심사를 거쳐 승인이 이루어진다. ADB 또한 재화, 작업 및 서비스 조달이 필요한 경우 공개경쟁 입찰(OCB)을 추진할 것을 권장하고, 비용과 품질 요소를 적절히 안배하여 평가 하도록 규정하고 있다.

특히 신규 기후금융 프로젝트를 개발·추진하고자 하는 민간 사업자라면 ADB 민간사업국(PSOD: Private Sector Operations Department)의 투자가 유용한 자금조달원이 될 수 있다. PSOD는 대출, 지분 투자 등을 통해 민간사업을 위한 자금을 제공하는 역할을 담당 하며, 기후금융은 해당 부서의 핵심 사업부문 중 하나이다. 실제 PSOD가 기후변화 대응을 위해 투자하거나 지원한 금액이 기후 재원 총액의 30% 정도의 비중을 차지한 바 있다(2017년 기준).

ADB를 비롯한 다자개발은행들은 투자하고자 하는 사업이 야기할 수 있는 환경(Environmental) 및 사회적(Social) 영향을 프로젝트 준비 단계부터 엄격하게 평가한다. 또한 ADB의 세이프가드 하위 분야로 환경, 비자발적 이주 및 현지 주민이

고려되며, 수원국 정부 담당자, 시민단체 등 다양한 이해 관계자들의 피드백이 프로젝트의 최종 설계, 환경영향평가 등에 반영되는 구조이다.

ADB는 특히 기후위험관리체계(Climate Risk Management Framework) 아래 기후위험 요소를 고려하여 인프라 투자사업을 선별·승인하고 있다. 프로젝트 컨셉을 결정하는 단계부터 기후위험에 대한 예비심사 과정을 거치며, 중급 이상의 위험을 보유한 사업으로 분류되는 경우 기후위험 취약성 평가(CRVA: Climate Risk and Vulnerability Assessment)를 실시한다. CRVA를 통해 기후위험을 수치화하고, 프로젝트 설계 내에 기후탄력적 조치들을 포함하기 위한 것이다. 제안된 조치들이 기술적으로 타당한지를 점검하고, 조치 유무에 따라 달라지는 비용과 혜택을 예측·비교한 후 적용 옵션을 확정하며, 이후 모니터링 과정을 거친다.

ADB는 2015년 다자개발은행 중 처음으로 2020년까지 기후재원을 당시의 약 2배 규모(60억 달러)로 증대할 것임을 밝혔다. 이러한 노력들은 ADB가 기후변화 인프라 투자를 확실하게 늘려갈 것임을 보여주며 우리 기업들도 이를 적절히 활용하기 위한 전략을 모색할 필요가 있다.

1.2. 다자기후기금

전 세계 총 19개의 다자기후기금이 2003년 이후 약정한 누적 금액은 약 295억 1,236만 달러에 이른다(2018년 4월 기준).[17] 이 중 약 56%가 실제 승인되었고, 승인된 금액의 1/3 이상이 집행된 상태인데, 대부분 기후변화에 취약한 사하라 이남 아프리카(23%), 아시아 태평양(27%), 중남미(22%) 지역 등에 사용되었다. 기후금융 관련 대표적인 다자기금으로는 지구환경기금(GEF: Global Environment Facility), 녹색기후기금(GCF: Green Climate Fund), 세계은행(WB)이 주도하는 기후투자기금(CIF: Climate Investment Fund) 등을 들 수 있다. GEF와 GCF의 경우 기후변화 감축, 적응 및 교차 분야를 모두 다루는 총괄적 접근을 하고 있으나, CIF는 영역별로 특화된 세부 기금들을 운용 중이다.

---

17) Climate Fund Update DB 참조.

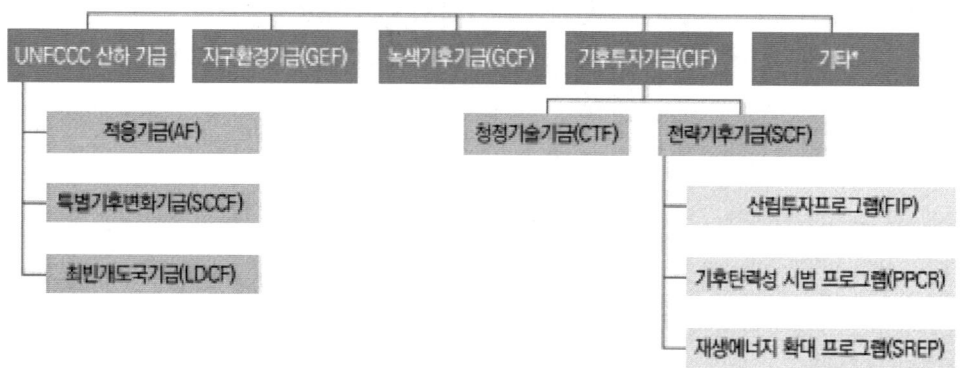

그림 3-3 기후금융 관련 다자기금 현황

자료: KIEP(2018).

다자기후기금의 경우 기금 자체의 규모보다 기금의 역할에 주목해야 한다. 실제 2014-17년 기간 중 개도국으로 유입된 다자기금 규모는 연평균 22억 달러에 불과하나, 주요 공공 금융기구로서 민간 투자자가 기피하는 영역에 기후금융을 제공하고, 타 공공 금융기관의 투자를 촉진하는 역할을 수행했다. 당시의 협조융자(co-financing) 비율을 살펴보면 CIF 1:8, GEF 1:7.5, GCF 1:2.5를 기록하는 등 상당한 파급효과를 과시한 바 있다.

2. 민간 재원

2.1. 개요

공공재원은 저탄소 기후탄력적 기후금융 투자를 촉진하는 역할을 하지만 이의 활성화를 위해서는 대규모의 민간투자가 반드시 필요하다. 특히 공공재원과 각국의 정부 재정을 합해도 급격하게 증가하는 기후금융 수요를 충당하는 데 한계가 있다는 점에서 민간 자본의 투입이 절실한 상황이다.

민간재원을 통한 기후금융은 그 방식에 따라 기업금융(CF)과 프로젝트 파이낸싱(PF)으로 구분할 수 있다. 기업이 자체 신용이나 보증, 자산(담보) 등을 근거로 금융기관을 통해 주로 타인자본을 조달하는 기업금융과 달리, PF는 특정 프로젝트가 창출할 것으로 예상되는 미래 현금흐름을 근거로 자금을 조달하는 방식이다. 대부분의 기후금융 투자사업이 현금흐름 관련 리스크가 높고 사업주 및 시공/운영사 등의 신용도가 낮다는 점에서 일반적으로 CF 보다는 PF가 더 선호되는 자금조달방식이라고 할 수 있다.

문제는 기후금융과 관련된 많은 국내 기업들이 사업의 개발 및 운영, 재무적 타당성분석, 위험분석/관리, 조달기법 및 금융구조화 등 PF와 관련된 핵심 능력과 경험 면에서 일천하다는 것이다. 특히 기후금융 PF 관련 전문가의 육성, 정부의 정책적 지원, FI와 개발기업의 유기적 연계 등이 필요한 상황이다.

2.2. PPP

민관협력(PPP: Public Private Partnership)은 PF의 대표적인 방식으로 일반적인 인프라 투자뿐 아니라 기후금융 등 대규모의 자본을 필요로 하고 투자위험의 분산이 중요한 사업들에 광범위하게 활용되고 있다. 우리나라는 1984년에 '민간투자법'이 제정되어 여타 인프라 시설에 대한 PPP 사업은 활성화되어 있으나 신재생에너지 등 기후금융사업에 적용된 PPP 사업은 극히 드문 편이다. 구체적으로, 민관협력(PPP)은 '공공 자산이나 서비스를 제공하기 위해 민간사업자와 정부가 체결하는 장기적인 계약으로서 민간사업자는 상당한 위험과 관리책임을 감수하고 사업의 성과에 따라 수익이 연동되는 체계'를 지칭하며 우리나라에서는 도로/철도/항만/공항 등 인프라 시설에 대한 PPP 사업을 '민간투자 사업'이라 총칭하고 있다.

PPP 사업은 개발과 운영의 모든 단계(사업개발, 금융조달, 건설, 운영, 유지, 이전)에 민간이 주무관청(정부 혹은 지자체)과의 협의를 통해 참여할 수 있도록 되어 있다. PPP는 정부와 민간이 사업의 위험을 최적화된 방식으로 분담하고 해당 사업의 효율성을 높일 수 있어 전 세계적으로 일반 인프라 및 기후금융 사업에 널리 사용되고 있다.

PPP와 관련하여 World Bank의 PPP 그룹은 PPI(Private Participation in Infrastructure) 데이터베이스를 운영하고 관련 보고서를 발표하고 있으며 특히

다양한 인프라 사업 중 재생에너지와 기후친화적 수송을 저탄소 인프라 분야로 분류하여 이에 대한 PPI 투자 실적을 별도로 발표하고 있다.

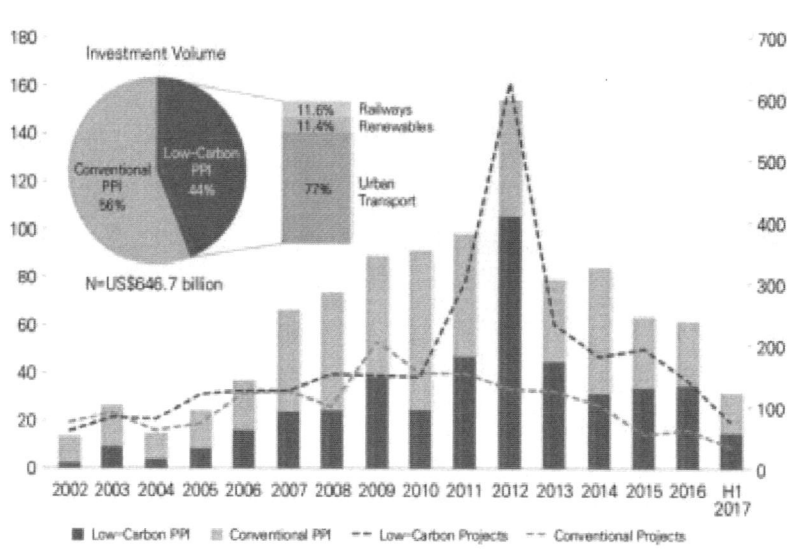

그림 3-4 저탄소 인프라 PPP 투자 추세

자료: World Bank(2018), KIEP(2018).

2003-17년 상반기 기간 중 일반 인프라 PPI는 WB PPP 그룹 지원 총액의 56%, 저탄소 인프라 PPI는 44%를 차지하고 있는데(〈그림 3-4〉 참조)), 2012년 처음으로 저탄소 인프라 PPI 투자가 기존 인프라 PPI 투자액을 넘어섰고 이 추세는 최근까지 유지되고 있다. 최근 15년간 저탄소 인프라에 대한 PPI 투자의 77%가 도심 수송분야에 투입되었고, 그 다음으로 철도 11.6%, 재생에너지 11.4% 순이었다. 특히 전체 에너지 PPP 사업에서 신재생에너지 사업이 차지하는 비중은 2011년을 기점으로 대폭 늘어 주류가 되었는데, 이는 화석연료 가격의 상승, 신재생에너지 신기술 개발과 리스크 완화, 기후변화 영향에 대한 인식 제고 등에 기인한다.

3. 최근의 전 세계 기후금융시장

2017~18년 기간 중 전 세계 기후금융 투자액은 연간 5790억 달러에 달했으며 이 수치는 2015-16년에 비해 25%나 급증한 것이었다. 2017년에는 사상 최고인 6120억 달러에 달했으나 2018년은 전 세계적인 경제침체 등의 요인으로 인해 5460억 달러에 그쳤다. 이렇게 급증한 기후금융 투자는 유형별로는 저탄소 운송(Low-carbon transport), 지역 별로는 북미와 동아시아에 집중된 것으로 나타났다.

그림 3-5 전 세계 기후금융 투자 추이

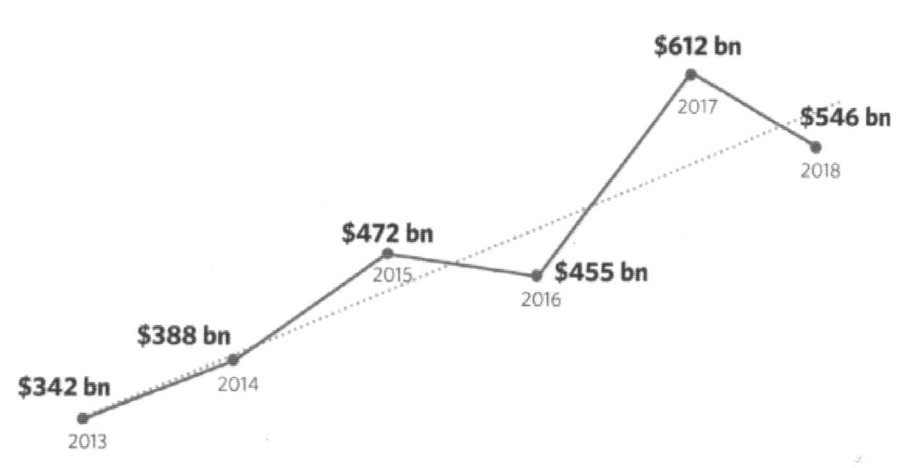

자료: Global Landscape of Climate Finance 2019.

상기한 최근의 기후금융 투자 추이는 전 세계 기후 1.5도 감축 달성 이라는 글로벌 당면 목표를 달성하는 데에는 턱없이 미흡한 것이 사실이다. 구체적으로, 2016-2050년 기간 중 공급측면의 에너지 시스템 투자를 통한 저탄소 이행에만 매년 1.6-3.8조 달러의 투자가 필요할 것으로 예측되는데, 여기에는 기후변화 적응 비용(adaptation costs)으로 필요한 매년 1800억 달러의 투자는 빠진 것이다. 요컨대, 전 세계의 근본적 기후변화를 위해서는 지역별, 국가별로 지금에 비해 엄청난 신규 투자가 필요하며, 이에 더해 기존의 화석연료 발전 등 기후 변화에 역행하는 산업에 대한 대규모 투자 감축이 더해져야 하는 것이다.

그림 3-6 전 세계 재생에너지 및 화석연료 투자 현황(2015-2018년)

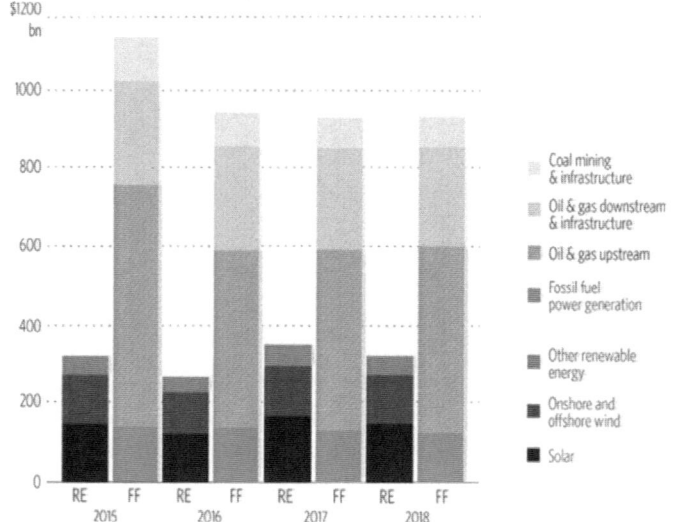

자료: Climate Policy Initiative.

글로벌 기후금융 투자를 공적 재원과 민간 재원으로 나누어 살펴본 결과가 〈그림 3-7〉에 나타나 있다.

그림 3-7 공적 및 민간 재원의 기후금융 투자 추이(2013-18년)

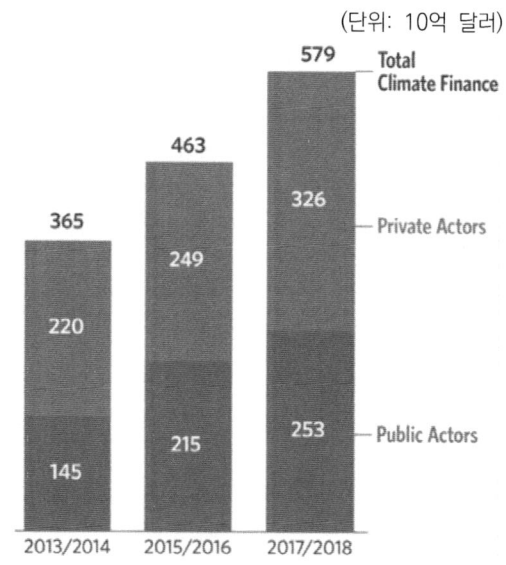

자료: Climate Policy Initiative.

3.1. 공적 재원에 의한 기후금융 투자

2017-18년 공적 재원에 의한 기후금융 투자는 전체의 44%인 2530억 달러를 기록했는데, 기후금융 관련 수송분야가 공적 투자 전체의 37%인 940억 달러로서 최대 투자처였고 그다음이 재생 에너지 분야였으며 기후적응, 에너지 효율성 분야가 그 뒤를 잇고 있다. 공적 재원 중 각국의 공적신용기관(Export Credit Agencies)이 최대 투자처였지만 2015-16년에 비해서는 경제 침체 등의 요인으로 증가 폭이 줄었고 양자/다자 기후금융 지원은 지속적인 증가세를 보였다. 2017-18년 기간 중 각국 정부의 직접지원은 전기 대비 두 배 증가한 370억 달러를 기록했다.

3.2. 민간 재원에 의한 기후금융 투자

2017-18년 기간 중 민간에 의한 글로벌 기후금융 투자는 연평균 3260억 달러로 전체의 56%를 차지했는데, 이 중 85%는 신재생 에너지, 14%는 저탄소 수송분야에 집행되어 이 두 분야가 민간이 가장 선호하는 기후금융 대상이라는 것을 알 수 있다. 동 기간의 민간 재원 중 기업이 대부분을 차지한 것은 이전 2년과 같지만 재무적 투자자의 비중이 전 기간 대비 51% 급증한 것은 특기할 만하다. 이는 기후금융 투자에 대한 전 세계적인 규제완화로 상업적인 금융회사들이 이전에 비해 동 투자에 따른 위험부담이 줄어든 것에 기인한다. 2017-18년 기간 중 전 세계 가계(개인)의 기후금융 관련상품 소비는 550억 달러로 이전 대비 32%나 급증하여 소비자들의 기후변화와 지속가능성장에 대한 인식 제고를 보여주고 있다.

기후금융 투자를 유형별로 살펴보면, 2017-18년 기간 중 시장금리부 대출(Market-rate Debt)이 연평균 3160억 달러로서 압도적 비중을 차지했는데, 이 형태의 대출은 프로젝트 파이낸싱을 통한 대출 70%와 사업주의 재무상태표에 근거한 기업금융(Corporate Finance)을 통한 대출 30%로 구성되어 있다. 시장에 비해 낮은 금리가 적용되는 양허성 대출(Concessional Loan)은 동 기간 중 연평균 640억 달러를 기록했으며 양허성 대출의 93%는 다자 지원 등 공적 재원으로부터 나온 것이었다.

대출 다음으로 동 기간 중 연평균 1690억 달러의 자본투자(Equity Investment)

가 기후금융 분야에 이루어졌는데, 이 중 74%는 기업금융, 26%는 프로젝트 파이낸싱 베이스의 자본투자였다. 2017-18년 기간 중 무상지원(Grants)은 290억 달러로 전체 기후금융의 5%를 차지했으며, 이 금액의 78%는 비OECD 국가에 할당되었고 저탄소 수송분야가 최대 투자처(38%)로 나타났다.

3.3. 전 세계 지역별 기후금융 투자

2017-18년 기간 중 비OECD 국가에 대한 기후금융 투자는 3560억 달러에 달해 전기의 2700억 달러 대비 급격히 증가했으며 비OECD 국가의 수혜비중도 전기의 58%에서 61%로 늘어났다. 동아시아/태평양 지역이 최대의 수혜지역(2380억 달러)으로 나타났는데, 이는 전기의 1800억 달러에 비해 급증한 것이며 선진국을 제외한 대부분 개도국의 수혜액이 증가한 것으로 나타났다.

특징적인 현상은 대부분(76%)의 기후금융 투자가 자국에 이루어지고 있는 점이며 이러한 "자국 선호" 현상은 기후금융 투자에서 해당국의 정치, 제도 및 환경이 중요한 역할을 함을 의미한다.

그림 3-8 글로벌 기후금융 투자 분포

(단위: 10억 달러)

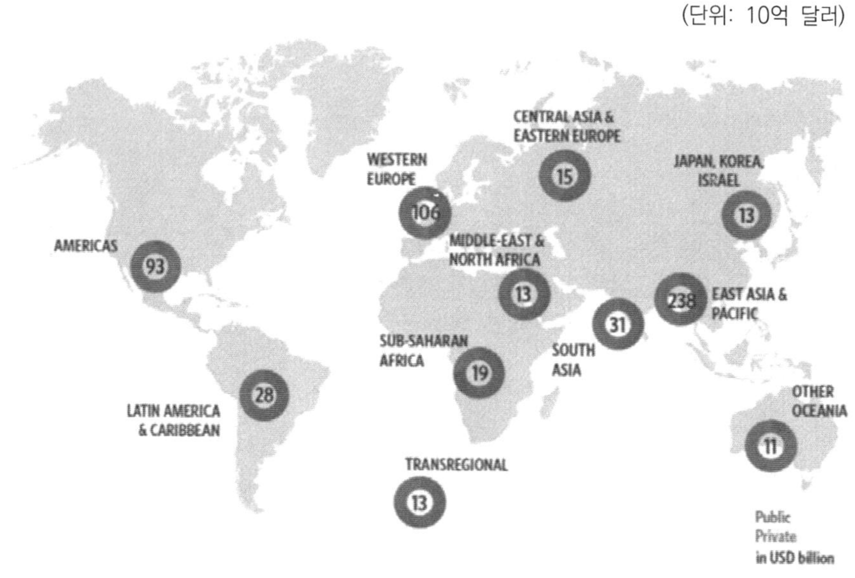

자료: Climate Policy Initiative.

4. 국내 기업들의 자금조달 실태 및 문제점

4.1. 기후금융 지원정책

기후금융에 대한 투자는 결국 기후금융 인프라에 대한 투자라고 볼 수 있다. 기후금융 인프라에 대한 투자는 넓은 범위에서 인프라, 즉 사회기반시설의 한 영역으로 볼 수 있으므로 기후금융 투자를 지원하기 위한 정책의 상당부분이 일반적인 인프라 투자 지원정책과 중첩될 수밖에 없다. 국내 기후금융에 대한 제도/정책상의 지원은 선진국 대비 초기 단계이며 각 금융회사에서 자체적/산발적으로 제공 하고 있는 상황이다. 국내 기업이 해외에서 기후인프라를 포함한 인프라 투자 시 해외건설협회, 해외인프라 수주·투자 지원센터, 한국 에너지공단 등에서 제공하는 주요 지원제도는 〈표 3-4〉에 요약되어 있다.

표 3-4 국내 기업의 해외 인프라 투자 시 적용 가능한 지원제도

구 분		제도(예시)	지원기관
일반 인프라 관련	타당성조사 지원	해외 인프라개발사업 타당성조사 지원(연 6~9건)	국토교통부
		해외 유망 프로젝트에 대한 시장개척 사업지원	국토교통부
	자금지원· 금융주선	대외경제협력기금(EDCF) 지원	한국수출입은행
		전대금융	한국수출입은행
		해외공사보험, 해외투자보험	한국무역보험공사
	정보제공 자문·컨설팅	해외진출정보시스템	산업통상자원부
		해외투자 상담센터	산업통상자원부
		해외인프라 수주·투자 지원센터	기획재정부
		해외시장개척지원	KOTRA
	중소기업 지원	중소중견기업 지원전략	한국수출입은행
		해외건설 현장훈련 지원사업(OJT)	국토교통부
	네트워크 구축	글로벌 인프라 협력 컨퍼런스(GICC)	국토교통부
	해외 인프라 특화기금	한국해외인프라펀드(KOIF), 글로벌인프라펀드(GIF)	국토교통부

구 분		제도(예시)	지원기관
일반 인프라 관련	타당성조사 지원	해외 환경프로젝트 타당성조사 지원	환경부
		해외 환경 인프라 사업의 개발사업성 검토 및 실사지원(민간주도형)	환경부
		해운·물류기업 해외시장진출 타당성조사 지원사업	해양수산부
		해양플랜트 서비스 산업 타당성조사 지원사업	해양수산부
		해외항만개발 협력사업 (기본계획, 타당성조사, 진출전략 수립 등)	해양수산부
		신재생에너지 해외 타당성조사 지원사업	산업통상자원부
	자문·컨설팅	환경산업 해외진출 전문컨설팅 지원	환경부
		해외도시개발지원센터	국토교통부
		ITS(지능형교통체계) 수출지원센터	국토교통부
		신재생에너지 해외진출지원센터, 해외시장 개척 지원	한국에너지공단
	기술·R&D	환경기술 국제공동 현지 사업화 지원	환경부
		해외 신재생에너지 설비인증획득 지원	한국에너지공단
기후 인프라 관련	네트워크 구축	글로벌 그린비즈니스 파트너십 구축 (글로벌 그린허브 코리아, 물환경포럼 개최)	환경부
		환경산업 시장개척단(협력 네트워크 구축)	환경부
		해외 환경산업협력센터 운영	환경부

자료: KIEP(2018).

　기후금융 투자를 비롯한 투자형 인프라 개발사업은 일반 도급형 사업과 달리 기획, 타당성조사, 개발/제안 단계가 매우 중요하며 이 과정에 상당한 시간, 비용, 역량이 소요된다. 또한 초기 단계에서 타당성이 미흡한 것으로 나오면 추진사업을 접어야 하는 등 리스크와 기회비용도 큰 사업이라고 할 수 있다. 실제로 현장에서 활동하는 기후금융 투자 관계자들은 타당성조사, 실사 등과 같은 사업 초기 단계에서의 정부 및 금융회사 지원의 중요성을 강조하고 있다.

　〈표 3-4〉에서 볼 수 있듯이 현재 국내 기업의 해외 인프라 투자에는 이러한 기획 및 개발단계에서 정부 및 공기업의 다양한 지원이 있다. 지원 유형별로는 타당성조사 지원, 자금지원·금융주선, 자문·컨설팅, 중소기업 지원, 인력훈련, 정보교류를 위한 네트워크 구축, 중소기업 지원, 특화기금 운영 등이 있다.

　그러나 기업들의 국내 기후금융 투자에는 이러한 지원이 거의 적용 되지 않는 실정이다. 특히 기후인프라의 관점에서 기후금융 전담 또는 전문 플랫폼의 부재, 상대적으로 신재생에너지에 치중된 지원(다양한 기후인프라 사업 발굴 미흡), EPC (Engineering, Procurement and Construction) 외 분야에 대한 전문인력 육성 (특히 기후 변화·환경사회적 영향평가), 재무적 투자자의 기후금융지원 관련 인센티브 제공 등은 향후 개선이 필요한 부분이라고 할 수 있다.

4.2. 기업들의 애로요인

4.2.1. 기후금융에 대한 명확한 인식 부족

우리 업계는 전반적으로 기후금융 투자사업의 상업적 성격과 기회에 대해서는 높은 관심과 이해를 보이고 있으나, 동 사업의 기후변화와의 연관성이나 상호관계에 대한 인식은 낮은 수준이라고 할 수 있다. 대부분의 기업 관계자들은 기후금융에 상당한 관심을 표명하고 있으며 기후금융 사업에 관심이 많은 이유로 '신성장동력 창출'과 '해외 기후인프라 사업 참여기회 증가'를 꼽았다.[18] 즉, 국내 보다는 해외 기후금융사업에 초점을 맞추어 국내 사업은 해외 진출을 위한 징검다리 정도로 생각하는 기업이 대부분이었다. 해외 발전사업 유경험 기업들도 국내외 관련 정책과 글로벌 시장 구조가 이미 전통 화력발전에서 신재생에너지 중심으로 개편되었고, 이러한 변화에 대응하여 사업 포트폴리오와 전략을 수정하는 것이 불가피함을 강조하고 있다. 그러나 온실가스 감축과 기후탄력성(또는 기후변화 적응)의 맥락에서 기후금융 사업을 이해하는 수준은 기업 또는 관계자마다 상당한 차이를 보이고 있다.

기후금융 사업의 상업적 성격만을 강조하게 될 경우, 사업발굴과 설계, 다자기금 등 국내외 금융지원 등에서 어려움을 겪을 수 있다. 특히 GCF와 같은 다자기금을 활용하기 위해서는 사업의 수익성이나 사업성(bankability)도 중요하지만, 해당 사업이 사업대상국의 기후 변화 목표 달성에 얼마나 기여할 수 있는가 하는 문제도 중요한 평가기준이 된다. 또한 국제기구나 시민사회에서 기후금융 사업에 대해 보다 높은 ESG 기준을 요구한다는 점도 명확히 인식해야 한다. 요컨대, 우리 기업은 기후인프라 사업을 일반적인 인프라 사업의 언어(맥락)와 국제사회의 기후변화 언어(맥락)를 구분하여 이해하고 해석하는 노력이 선행되어야 할 것으로 보인다.

---

18) 자세한 내용은 KIEP(2018) 참조.

4.2.2. 자금조달 면에서의 어려움

장기간 대규모의 재원을 요구하는 인프라 사업의 특성상 기후금융 사업 또한 자금조달에 상당한 어려움을 겪는 경우가 많다. 해외에서 기후금융 사업을 진행한 경험이 있는 기업들은 가장 큰 애로사항으로 '정부 차원의 지원(금융, 세제 등) 부족'을 지적하고 있다. 이들은 국내외 사업의 자금조달을 위한 '기후금융 전용기금 조성'을 최우선 과제로 '정책금융의 역할 확대'를 두 번째 과제로 들었다. 기업들은 기후금융사업을 추진 시 글로벌인프라펀드(GIF)와 같은 공공 기금이나 정책금융기관(ECA 등)이 제공하는 금융지원을 활용하기 쉽지 않음도 애로사항의 하나로 지적했다. 따라서 효율적인 국내외 기후금융 지원을 위해서는 기업들의 정책금융에의 접근성을 개선할 필요가 있다.

특히 기후변화에 특화된 재원과 금융지원을 활성화해야 한다. 국제사회는 기업들의 기후재원 조달의 어려움을 인지하고 민간의 투자를 유도하기 위한 다국적 기관이나 부서(IFC, GCF의 PSF 등)를 이미 운영 중이다. 녹색채권과 같은 새로운 금융상품이나 전문금융기구를 도입하고, 2017년에는 225명의 주요 기관투자자들과 온실가스 최대 배출 기업 100곳의 공동 노력을 촉구하는 이니셔티브인 'Climate Action 100+ Coalition'를 결성한 바 있다.

우리나라도 이러한 국제사회의 노력에 일부 동참하고는 있으나 실제 활용도는 극히 초기 단계이다. 일례로 녹색채권의 경우 전 세계적으로 기후재원 분야에서 가장 눈에 띄는 성장세를 기록하고 있는 투자 수단이나, 국내에서의 인지도 및 발행 금액은 아직 산발적이고 미흡한 수준에 그치고 있다.

4.2.3. 국내외 사업실적 및 경험 부족

많은 기업들이 국내외적으로 우리 기업의 기후금융 사업실적(track records)이 부족하다는 점을 문제로 지적했는데, 이는 사업개발/ 관리 역량이나 전문인력 부재와도 연관되는 사안이다. 대부분 경쟁입찰 방식의 기후금융 사업에서 사업실적은 가격, 품질과 더불어 중요한 평가 요인으로 작용한다. 투자개발형 기후금융 사업에서도 사업을 제안·개발하는 역량은 다양한 사업경험을 통해 축적되는 만큼 국내외 사업실적이 성공여부에 직간접적으로 영향을 미친다고 할 수 있다.

특히 국내 신재생에너지 시장은 30년 이상의 사업경력을 가진 글로벌 기업들이 시장을 장악하여 사업실적이 열악한 국내 기업은 상당한 열세에 놓여 있는 실정이다. 이를 극복하기 위해 국내 시장에서 사업경험을 쌓아 이를 토대로 해외로 진출하려 해도 내수시장 규모가 워낙 작아 한계가 있고, 일부 신재생에너지 분야는 미성숙한 정책 및 제도로 인해 국내 사업 추진에도 애로에 직면하는 상황이다. 따라서 정부는 국내 신재생에너지 시장 활성화를 위해 단순한 정량적 목표가 아닌 구체적인 육성방안을 마련하는 것이 필요하며 해외 시장에서 사업실적을 축적하기 위해서는 글로벌 기업과의 전략적 파트너십 유도도 고려해 볼만하다.

5. 관련기업 인터뷰를 통한 국내 기후금융의 현황/문제점 분석

저자는 기후금융 관련 국내 기업을 발전 공기업, 풍력발전 관련사, 태양광발전 관련사, 연료전지 관련사 등으로 나누어 담당자와의 인터뷰를 통해 이들이 겪고 있는 각종 애로 및 지원 건의사항을 조사한 바 있는데, 이하는 당시의 결과를 조사대상별로 요약한 내용이다.[19]

5.1. 발전 공기업

한국전력 산하의 국내 발전공기업들은 태양광, 풍력, 연료전지, 전기차, 그린빌딩 등 신재생에너지 분야에 폭넓게 투자를 진행하고 있고 다수의 녹색채권을 성공적으로 발행하여 외견상으로는 기후금융 사업에 적극적으로 참여하고 있는 것으로 보이지만 해당 기업 담당자들이 보는 국내 시장의 규모는 너무 작은 것으로 나타났다.

특히 정부 어느 부서에서 어떤 비전과 전략을 가지고 기후금융 시장을 끌고 가는지 기업들은 혼란스러워 했다. 정부 정책에서 신재생에너지가 중요하게 다뤄지다 보니까 산업은행, 수출입은행, KB은행 등 금융권에서도 녹색채권을 발행하기 시작

---

[19] 박동규 외, 기업들의 국내 기후금융 자금조달 현황 및 효율화 방안, 사회적 가치연구원, 2020.

했지만 이에 대한 가이드라인이나 지원이 미비하기에 기후금융이나 지속가능경영 구색 맞추기에 불과하다는 비판도 있었다.

국내 기업들의 입장에서 녹색채권이나 일반 채권이나 발행조건 면에서 큰 차이가 없다는 점도 주요 불만사항 중의 하나였다. 국내에서는 아직 녹색채권 시장 자체가 형성되어 있지 않고 조건도 일반 채권과 유사하여 기업 입장에서는 굳이 녹색채권을 발행할 이유가 없다는 것이다 즉, 기업 입장에서는 금리도 똑같은데, 차별화된 혜택은 없고 발행 전후에 심사/평가 과정만 귀찮게 느끼고 있었다. 미국의 경우 녹색채권에는 금리인하 등 제도상의 특례가 부여되는데, 우리나라는 이러한 특례가 거의 없다. 이런 이유로 미국에서는 녹색채권 쪽으로 계속 투자가 집중되고 이것이 다시 기후변화에 우호적인 산업으로 자금이 선순환되는 효과로 나타나고 있다.

국내 기후금융의 활성화를 위해서 상기한 제도상의 특례가 절실하다. 구체적으로 정부에서 관련 공기업에 기후금융 투자에 대한 가이드라인을 정해 주고 그에 상응한 금리인하 및 세제상의 지원을 제공하는 것을 고려할 수 있다. 우리나라도 선진국과 같이 정부에서 기관투자자들에게 녹색채권의 투자한도와 용도에 대한 가이드라인을 정해 주면, 금리가 안 좋더라도 투자자들이 투자를 하게 될 것이고, 그렇게 되면 자연스럽게 기후금융 관련업체들은 자금을 마련하기 훨씬 쉬워질 것이라는 게 발전 공기업 금융담당자들의 중론이었다.

이외에도, 대부분의 기후금융 투자사업이 SPC 설립을 통한 PF로 시행되기 때문에 신용도가 높은 발전 공기업이 참여해도 고금리에 자금조달을 할 수 밖에 없고 그렇다보니 해당 사업의 수익성이 떨어지는 것도 애로사항 중의 하나였다. 정책적으로 공기업에 의무 할당량이 주어져 있어 기후금융 사업에 참여하게 되는데, 각종 환경규제 및 지역 주민들의 민원 등으로 사업을 진행하기가 쉽지 않은데다가 이런 난관을 뚫고 사업에 참여하더라도 수익이 거의 나지 않는다는 것이 이들의 하소연이었다. 정부로부터 매년 신재생에너지 참여 할당량이 주어져 발전 공기업들은 태양광이나 풍력 발전을 계속 하려고 하는데, 태양광은 적정 부지가 부족하고 지역 주민들 민원 또한 많아서 사업 진행이 어려우며 풍력은 팬 돌아갈 때의 소음 등 애로를 호소했다.

정부는 지속적으로 신재생에너지 산업 등 기후금융 투자를 확장한다고 하지만 발전 공기업 등 관련기업들은 이를 체감하지 못하고 있었다. 이들은 기후금융 투자 활성화를 위해 가장 시급한 과제로 기업들이 투자로부터 실질적인 수익을 올릴 수 있는 환경 조성을 들었다. 구체적으로, 이 분야 투자에 대한 세제 지원이나 정부 내에 control tower를 설치하여 주민들의 민원 등 애로사항이 발생하면 one-stop으로 처리해 주는 등의 직간접적인 지원을 절실하게 요청하고 있었다.

5.2. 태양광 발전 관련사

본 인터뷰에 응한 기업은 연 매출액 200억원 정도의 업계 중상위 태양광 시공업체이다. 태양광을 시행하고 시공하는 업체로서 국내에서 사업을 진행하며 느끼는 가장 큰 어려움(자금조달 포함)으로, 토지나 건축물 위에 구조물을 설치하는 게 태양광의 물리적인 구조인데 사업 인허가를 받기 쉽지 않다는 점을 들었다. 지자체의 개발 허가도 어려운데 주민들의 민원도 많이 들어와서 더더욱 힘들어 하고 있었다.

REC 가격의 지속적인 하락에 따른 사업 수익성 악화도 큰 애로 사항이었다. 이전에는 상대적으로 높은 REC 가격이 태양광 사업의 안정적 현금흐름으로 이어져 많은 금융기관들이 관심을 보였는데, 최근에는 REC 단가 하락으로 인해 금융지원이 많이 격감한 실정이다. 특히 제1금융권에서는 거의 대다수가 사업 완공 이후에만 대출이 지원 되고 시공단계에서는 제2금융권의 지원을 받을 수밖에 없다는 것이 자금조달에 있어 가장 어려운 점이었다. 요컨대, 태양광 사업은 미래 현금흐름을 가지고 PF를 할 수 밖에 없는데 최근의 상황 변화로 금융권이 이를 꺼리는 것을 가장 큰 애로 사항으로 들었다.

또 다른 애로사항인 주민 민원에 대해서는 정부나 지자체가 지금까지의 소극적 자세에서 벗어나 문제의 해결에 더 주도적이고 적극 적인 역할을 해 주길 절실히 바라고 있었다. 지자체마다 인허가에 대응하는 방식도 달라서 똑같은 사업도 어떤 곳에서는 허가를 받고 어떤 곳에서는 거부되는 경우도 많아 일관성 있는 대응을 호소했다. 현재 정부 어떤 부서에서 신재생에너지 사업을 총괄하는지도 불분명하기에 금융기관, 사업자, 주민 모두를 아우를 수 있는 컨트롤 타워를 정부 내에 만들어 줄 것을 요청했다.

5.3. 연료전지 발전 관련사

본 인터뷰에 응한 기업은 태양광, 풍력, 연료전지를 모두 취급하고 있는 중견 기업으로서, 연료전지의 경우 자체 기술을 확보하기 위해서 미국 기업과 제휴할 정도로 초점을 맞추고 있는 핵심 분야인 기업이다. 동사가 연료전지를 제작/납품하는 과정에서 애로사항은 다음과 같다.

한전 자회사 등의 대형 발전사가 연료전지 발전사업에 관심이 있기 때문에 이 사업에 대한 수요는 꾸준히 있는데, 본 기업과 같은 제조업체가 동 사업에 참여할 유인은 크지 않다. 이는 연료전지 사업에 있어서 SMP+REC 금액의 변동성이 높아 자금조달 시 미래의 현금흐름 예측이 어렵기 때문이다. 정부 당국에서도 이 문제 해결에 관심은 있는데, 대부분의 해결책이 제조업체가 아닌 시행사로서의 SPC나 발전 대기업의 이윤을 높여 주는 방향으로 나오고 있다는 것이 문제이다. 즉, 연료전지 제조업체에 정부지원의 이익이 흘러가야 기술이 발전하고 시장이 활성화되는데, 발전 사업자들에게 대부분의 이익이 귀속되는 현 상황에서는 연료전지산업의 기술 발전 및 일자리 증가가 어려운 것이다.

해외사례를 보면, 유럽은 태양광이나 풍력 위주로 발전을 하다 보니 이미 각국 정부에서 발전원 할당을 해 주고 여러 가지 규제도 풀어 제조업체의 적정 이윤이 확보되고 있으나 미국은 신재생에너지 발전 자체가 전체 전력 생산량에서 차지하는 비중이 미약하고 규제나 보조금 정책도 주마다 다르다. 따라서 해외에서의 정부 지원 사례를 보려면, 유럽, 그 중에서도 독일의 사례가 참고할 만하다. 사실 국내 연료전지 시장은 전 세계적으로도 규모가 꽤 큰 편으로서, 일례로, 미국 기업들의 주된 타겟 마켓이 한국 시장일 정도이다.

연료전지 제조업체의 입장에서 주민 민원의 대응 및 해결도 어려운 과제이다. 지자체에서 신재생에너지 사업을 신규로 유치하면 주변을 관광자원으로 개발하는 등 활용방안을 찾아야 하는데 계속 사업관련 기여금만 받으려고 해서 기업의 입장에선 난감한 경우가 많다. 또한 태양광이나 풍력 발전기를 설치한 이후에도 운영비가 계속 늘어난다는 점을 감안하여 설치할 때 운영비에 대한 일부 보조를 정부나 지자체가 해주는 것도 필요하다. 본 업체도 연료전지사업에서의 가장 큰 어려움으로 SMP 가격의 변동성을 들어 이를 줄여주는 정책의 도입이 시급한 것으로 나타났다.

연료전지 제조 및 설치 비용 관련해서는, 연료전지 한 기당 평균 용량이 2.5메가와트인데, 사업장에 따라 10-20메가에서 50메가 정도가 수반될 정도로 다양해 획일적으로 얼마가 든다고 하기는 어렵다는 설명이었다. 연료전지는 또한 한 번 설치하고 연간 일정한 운영(O&M) 비용을 받고 5년 마다 배터리를 교체한다는 점에서 SMP나 REC가 올라가도 제조업체는 가져갈 것이 없는 실정이다. 즉, 연간 O&M 비는 일정한데 SMP+REC와는 연동이 되지 않는 문제점이 있는 것이다.

운영계약도 보통 20년 단위로 되어 있는데 이렇게 장기간의 O&M 비용을 고정적으로 가져가는 것도 물가상승률을 고려할 때 어렵다. 관련 계약의 상대방이 대기업인 한전 자회사나 한수원이라는 점도 소규모의 연료전지 제조업체 입장에서 협상과정의 애로로 작용한다.

연료전지사업에서의 자금조달은 소규모 사업일 경우 시행사가 직접 하기도 하지만 대부분 발전 대기업들이 맡게 된다. 어떤 경우든 대상사업에 대한 SMP+REC 가액의 변동성으로 인한 미래현금의 불안정성이 자금조달에 있어 가장 큰 애로요인이라고 할 수 있다. 따라서, 정부에서 어떤 형태로든 위 가격의 변동성을 줄이는 방안을 마련해 주는 것이 절실하다. 그렇지 않은 이상, 중소 제조업체들이 이 분야에 뛰어들 이유가 없다. 특히 기술을 가진 제조업체에 제도의 혜택이 많이 가야하는데 기술이 발전할수록 단가를 낮춰서 발전 사업자들이 더 많은 이윤을 가져가려 하니까 우리나라 신재생에너지 산업의 발전이 더딜 수밖에 없다고 본 조사 대상업체는 주장했다.

이번 정부 들어서도 연료전지 등 신재생에너지 관련업체에 우호적으로 바뀐 점은 거의 없다고 했다. 오히려 이전 정부에서는 '그린 에너지'를 강조하며 캠페인 차원에서라도 신재생에너지 사업 추진을 강조했었지만, 이번 정부에서는 그런 것도 없고 기업들이 실질적으로 느끼는 정책변화가 없다고 응답했다.

5.4. 풍력 발전 관련사

본 인터뷰에 응한 기업은 풍황 조사부터 단지설계, 파이낸싱, 발전 시스템 개발 및 생산과 단지조성 및 운영까지 풍력 발전사업 전반의 노하우를 갖춘 풍력발전 전문기업이다. 국내에서 처음으로 세계시장에 풍력터빈을 수출하고 대형 풍력발전

단지인 영덕풍력발전단지 (39.6MW)와 강원풍력단지(98MW)의 사업개발 및 EPC 프로젝트를 수행했다. 국책연구사업으로 진행된 750KW 국산 풍력발전기 시스템 및 2MW 풍력발전시스템 개발을 성공적으로 완료하여 풍력발전 시스템 설계 및 제작기술을 확보하였으며 이러한 경험들을 바탕으로 3MW급 풍력발전 시스템을 개발 중이다. 경남 사천 공장에서 1,000MW를 생산할 수 있는 대단위의 풍력 발전 생산설비를 구축 중이며 연매출은 시황에 따라 가변적이지만 2019년 760억원, 2018년 1650억 원을 기록했다.

풍력발전사업에서 겪는 어려움으로 본 기업도 다른 신재생 에너지 기업과 마찬가지로 SMP 및 REC 가격의 변동성을 들었다. 이와 함께, 본 기업은 Project Financing 이전 단계에서 사업 인허가를 취득하는 과정에서 발생하는 어려움을 풍력발전사업의 최대 애로요인으로 꼽았다. 특히 환경부의 풍력발전 관련 환경영향평가 기준이 너무 까다롭고 주민과 지자체 동의가 받기 어렵다고 토로했다. 즉, 당해 사업으로부터의 미래 cash flow를 금융회사가 인정해 주어서 예전보다는 시장 상황이 훨씬 좋아 졌지만 PF 이전 단계에서 어려움을 겪고 있는 신재생에너지 기업은 자금조달 자체가 어려운 실정임을 호소했다. 정부가 신재생 에너지를 육성한다고 하지만 실질적으로 기업 입장에서는 상기한 단계에서 많은 어려움이 존재한다는 것이다.

한국 전력시장의 현 상황 및 구조도 풍력발전 기업에 근본적인 애로 로 작용하고 있었다. 즉, 국내 전력 에너지 수요는 정해져 있는 상황에서 현재 원자력 및 화력 발전이 주를 이루고 있어 수력이나 태양광, 풍력이 그 틈새를 뚫기 어려운 상황이다. 현재 한국 전력시장은 '공급 과잉시장'이며 전통적 에너지에 기반한 한전과 한전 자회사들이 주요한 player로 자리매김하고 있어 신재생에너지 로의 '에너지 전환'이 쉽게 이루어지기 어려운 것이 현실이다. 과거 신재생에너지촉진법, 녹색성장법 등 신재생에너지 활성화 관련 법안이 발의되었으나 수요보다 공급이 더 큰 전력시장에서 그 효과는 미미한 것으로 느끼고 있었다.

이를 해결하기 위해 정부는 현재 적용되고 있는 에너지 믹스의 극적 전환을 꾀할 필요가 있다. 즉, 우리나라 전력공급의 대부분을 차지하고 있는 원전/화력 발전업체들이 자발적으로 신재생에너지 사업으로 눈을 돌려 실제 신재생에너지가 실수요 에너지원이 될 때, 동 산업이 활성화되고 근본적인 에너지 믹스의 전환이 이루어질 수 있는 것이다.

　정부 차원에서 신재생에너지로의 에너지 믹스 전환과정에서 이 산업이 노동집약적 산업이 아니라는 점이 문제될 수 있다. 예를 들어, 풍력터빈은 일반적으로 내용년수가 20년이고 원자재가 들어가지 않으며 기껏해야 윤활유 주입하는 유지보수 인력이 필요할 뿐이라는 점에서 고용효과가 그다지 크지 않다. 태양광 등 여타 신재생에너지도 고용효과 면에서는 대동소이한데, 이 점이 범정부 차원의 에너지 전환에 애로로 작용할 수 있다.

　많은 기후금융 분야 전문가와 현장 실무자들은 이러한 '신재생 에너지 산업 일자리 문제'는 '기본소득' 측면에서 접근해야 한다는 생각을 가지고 있었다. 즉, 최근 정치권에서 논의되는 기본소득의 도입을 통해 신재생 에너지 산업의 미흡한 고용창출을 보완하는 "그린 뉴딜"의 과감한 도입이 필요하다는 것임이다.

기후금융 - 지속가능한 미래를 여는 열쇠

Ⅳ. 기후금융 자금조달 사례연구 및 시사점

1. 풍력발전사업 – 자은풍력발전
2. 태양광 발전사업 – 해남태양광발전
3. 풍력발전사업 – 태백가덕산풍력발전
4. 연료전지사업 – 노을 연료전지
5. 국내 기후금융 사례연구의 종합적 분석 및 시사점

Ⅳ. 기후금융 자금조달 사례연구 및 시사점

1. 풍력발전사업 - 자은풍력발전

1.1. 사업 개요

1.1.1. 사업 내용

본 사업은 "화석연료에서 신재생에너지로의 전환"이라는 전 세계적인 추세에 발맞추어 2012년 11월에 사업시행법인이 설립되었으며 2019년 5월 금융약정이 체결되어 최초 인출 및 착공이 이루어지는 등 현재 진행 중인 사업이다. 산업통상자원부는 2030년까지 신재생에너지 전력생산 비율을 전체의 20%까지 끌어올리는 '신재생에너지 3020' 계획을 수립한 바 있다. 구체적으로 정부는 2030년까지 48.7GW(사업비 약 100조원)의 신규 태양광 및 풍력발전 프로젝트를 추진하고 있다. 한국전력공사, 발전 공기업 등 에너지 공기업들도 대규모 신재생에너지 투자계획을 여러 차례 발표한 바 있다.

그림 4-1 본 사업 추진현황 및 향후 일정

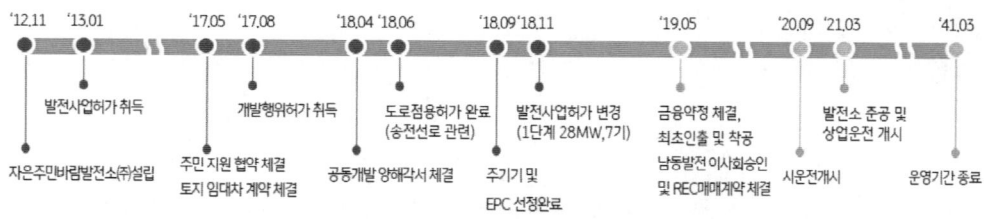

자료: 사업설명서.

본 사업은 정책적 지원에 기반한 국내 최초 주민참여형 육상풍력 발전사업이라는데 그 의의가 있다. 국내 최초의 주민참여 육상풍력 발전사업이라는 점에서 REC[20] 가중치를 추가 확보(가중치 1.2)함으로써 주민들의 사업 수용성이 높아져 자금조달이 용이해졌고 이는 전체적인 사업성 향상으로 이어졌다. 본 풍력발전사업의 개발을 통해 지역 주민의 상당한 고용창출 및 지역 경제 활성화가 기대되고 있다.

본 사업은 안정적 사업파트너와의 협업을 통해 사업위험을 낮추고 안정성을 제고하고 있다. 대형 발전사인 한국남동발전이 전략적 투자자로 지분 참여하고 있으며, 이 회사사와 고정단가 REC 장기매매 계약 체결(SMP×1,000 + REC×1.2 = 200,612원/MWh)로 전체 사업의 수익성 및 현금흐름의 안정성을 확보했다. 또한 2018년 기준 153MW의 국내 풍력발전사업 EPC(Engineering, Procurement & Construction) 실적을 보유하고 있는 ㈜동국S&C가 본 사업에 책임준공을 제공하여 시공위험을 헤지했다. 이에 더해, Global Top Tier(2017년 말 기준 시장점유율 전 세계 6위, 유럽 2위) 기자재 공급업체인 Enercon이 주기기 공급 및 주기기 장기 유지관리 서비스를 제공한 것도 본 사업의 사업성 제고 및 위험 감축에 중요한 역할을 했다.

본 사업 입지의 풍속, 지리적 위치 등 양호한 입지 조건도 특기할 만하다. 본 사업은 연평균 풍속 약 6.1m/s의 풍향자원(계측기간: 2년 8개월) 및 P75 20.21%의 확률적 발전량 예상(DNV-GL, P50 22.16%, P90 18.43%) 등 양호한 발전환경을 가지고 있다. 또한 2019년 4월 인근 연륙교 개통에 따라 도서지역의 물류위험 및 비용도 대폭 절감되었다. 개발행위허가, 계통연계 등 주요 인허가가 완료된 Ready-to-Build 사업이라는 점도 긍정적이다. 1단계 사업(4.2MW × 7기) 완료 이후, 2단계 사업(4.2MW × 3기)에 대한 추가 투자기회 확보도 재무적 투자자로부터 자금조달을 용이하게 해 준 요인이었다.

---

[20] Renewable Energy Certificate, 신재생에너지(태양, 수력, 수소, 지열, 바이오 매스 등)를 통해 발전을 했다는 인증. 위의 에너지를 통해 1MW 발전 시 1개의 REC를 지급받게 됨. 이 REC를 발전사와 민간 500MW 이상급 발전소에 판매할 수 있음

1.1.2. 자금조달 조건 및 구조

본 사업(자은주민바람 풍력발전사업)의 자금조달(펀딩) 조건을 요약한 내용이 〈표 4-1〉에 나타나 있다.

표 4-1 본 사업의 자금조달 조건

구 분	주 요 내 용
사업명	• 자은주민바람 풍력발전사업
사업시행법인	• 자은주민바람 발전소 주식회사
출자자 구성	• 에이알이(주)(개발사, 51%), 한국남동발전(주)(전략적출자자, 29%), Fund(재무적투자자, 20%)
주민참여법인	• 유한회사 자은풍력발전
사원구성	• 외기마을 풍력발전소 소위원회가 추천한 6인, 와우(노루목)마을 풍력발전 소위원회가 추천한 1인(발전기 타워 중앙부 기준 1km 이내에 소재하는 자은면에 1년이상 주민등록이 되어 있는 자로 한정)
사업시행법인 재원조달	• 자본금 10%, 주민참여채권 4%, 대여금 86%(부채상환적립금을 제외한 금원에 대한 재원조달)

대상사업지	• 발전소, 전기실 및 변전소 부지: 전라남도 신안군 자은면 고장리, 백사리 및 암태면 기동리 일원 총 14개 필지
	• 송전선로연계: 총 약 25km
	  - 발전소 전기실~암태면 변전소(약 13.3km): 22.9kV 송전선로 이용(지중화구간)
	  - 암태면 변전소~(구)안좌 변전소(약 11.0km): 66kV 송전선로 이용(기존 한국전력 철탑 및 송전서로 이용)
	  - (구)안좌변전소~(신)안좌 변전소(약 1.7km): 154kV 송전선로 이용(지중화구간)

사업기간	• 건설기간: 2019년 03월~2021년 03월 • 운영기간: 2021년 04월~2041년 03월
주기기	• 풍력터빈(주기기): Enercon(E-138 EP3 / 4.2MW)
설치용량	• 29.4MW(4.2MW×7기)
예상 총 투자비	• 89,000백만원
REC매매계약	• 한국남동발전(주)(SMP×1,000+REC×1.2=200,612원/MWh 고정가격 계약방식 20년 장기계약체결 예정)
EPC계약	• 동국에스엔씨 컨소시엄(주) 동국에스엔씨, 남학기업(주)
O&M계약(주기기 제외)	• 남학기업(주) (대체수탁자: 한국남동발전(주))
EPK계약	• Enercon Korea Inc
자문기관	• 사업성평가: 한국기업평가　　　• 기술자문: DNV GL • 법률자문: 법무법인 광장, 법무법인 제현
사업수익률	• 연 6.39% (세후, P75 발전량 기준)

자료: 사업설명서(KB자산운용).

우선 본 사업의 시행, 자금조달, 운영을 전담할 SPC로서 "자은주민 바람발전소(주)"가 설립되었다. 본 SPC의 지분은 개발사인 에이알이(주)가 51%, 한국남동발전(주)이 SI로서 29%, KB자산운용이 운용하는 펀드(자은풍력발전 전문투자형 사모특별자산투자신탁)가 20%로 구성되어 있다. 이외에도 7인의 주민사원으로 구성되는 자은풍력발전(유)이 설립되어 SPC가 발행하는 회사채(주민참여채권)에 투자함으로써 자금조달을 지원하고 있다.

종합적으로 본 사업의 소요자금 890억원은 자본금 10%, 주민참여 채권 발행 4%, 펀드로부터의 대여 86%로 조달되었다. 이 자금을 4.2MW 풍력터빈 7기의 설치 및 운용에 투입하고 있다. 산출전력의 가격변동위험을 관리하기 위해 한국남동발전(주)이 200,612원/MWh의 고정가격으로 20년 장기구매계약을 SPC와 체결했다. 주기기 공급사인 Enercon Korea Inc이 상업운전 개시일로부터 20년간 풍력발전기에 대한 유지보수 및 가동률을 보장함(EPK 계약)으로써 주요 운영위험을 헤지했다. 본 사업의 EPC는 동국S&C 컨소시엄이 맡았고 주기기를 제외한 O&M은 남학기업(주)이 수행하기로 했다. Enercon Korea는 다시 EPC인 동국S&C와 TSA(Trurbine Supply Agreement)를 체결하여 주기기 공급위험을 해소했다.

그림 4-2 본 사업의 자금조달 구조

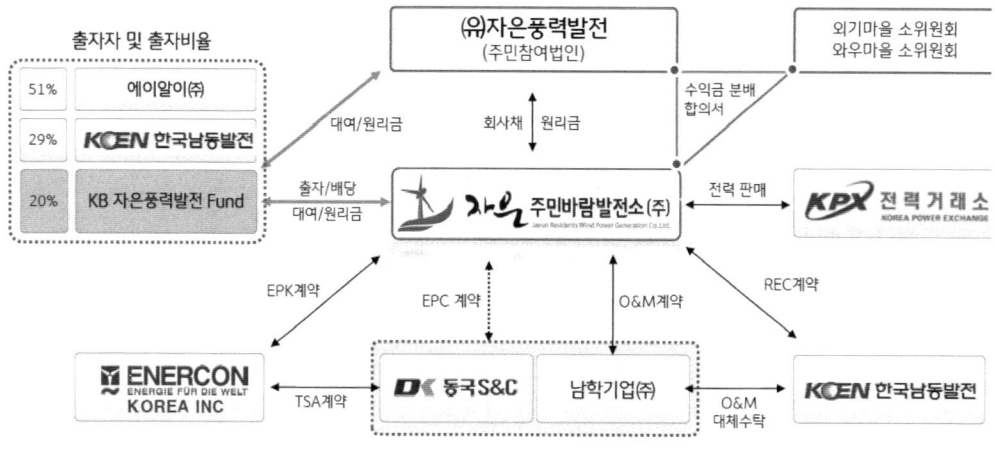

주) EPK(Enercon Partner Koncept) 장기수선계약 : 상업운전개시일로부터 20년간 풍력발전기에 대한 유지보수 및 가동률 보장관련 계약
TSA(Turbine Supply Agreement) 터빈공급계약 : WEC(Wind Energy Converter)의 공급, 해외운송, 시운전, SCADA시스템 공급관련 계약

자료: 사업설명서(KB자산운용).

본 사업에 투자하는 펀드의 투자구조는 아래의 〈그림 4-3〉과 같다.

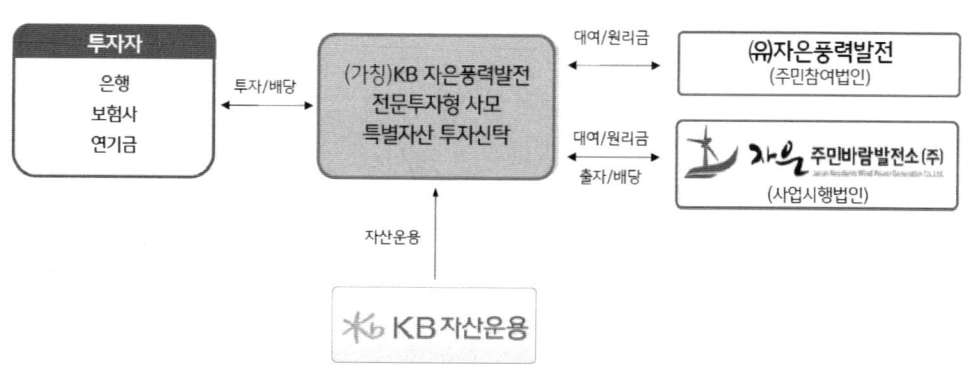

그림 4-3 본 사업에 투자하는 펀드의 투자 구조

자료: 사업설명서(KB자산운용).

은행, 보험사, 연기금 등의 기관투자자들이 사모로 본 사업을 위해 설정된 특별자산투자신탁(펀드)에 투자하고 KB자산운용은 이 펀드의 운용을 맡고 있다. 운용사는 설정된 펀드자금의 일부를 주민참여 법인에 대출하고 나머지 대부분의 펀드자금을 SPC에 지분투자 및 대출로 투자하여 본 사업에서 발생하는 미래 현금흐름으로 배당/ 원리금을 수취하는 전형적인 PF 구조를 취하고 있다.

1.2. 경제성 분석

본 사업의 기본상황(Base Case)에 따른 예상 사업수익률은 IRR 기준 세후 6.39%로 양호한 수준이다. 예상 발전량 변동에 따른 사업수익률은 연 5.33% ~ 7.3%, 펀드 예상수익률은 연 5.28% ~ 4.76% (보수차감 후) 내외로 분석되어 전반적으로 양호한 경제성을 나타내고 있다.

표 4-2 본 사업의 경제성 및 민감도 분석

구분	P50	P75	P90
연간 실 발전량(AEP)(Gwh)	57.07Gwh	52.06Gwh	47.46Gwh
연평균 이용률	22.16%	20.21%	18.43%
Project 예상수익률 IRR(세후)	연 7.30%	연 6.39%	연 5.33%
Fund 예상수익률 IRR(보수차감 후)	연 5.28%	연 5.03%	연 4.76%

※ 출처: 한국기업평가 사업타당성 검토보고서

1.3. 위험 분석 및 관리방안

1.3.1. 사업부지 확보 위험

위험 유형	주요 내용
• 사업 부지 확보 위험 - 임대차계약 관련 - 도로점용허가 관련	• 사업시행법인은 주기기 및 전기실, 변전설비를 설치할 사업부지 총 14필지에 대해 임대차계약을 체결했으며 Fund는 투자금 집행 이전에 사업부지에 건설기간 및 운영기간 종료시까지 각 임대인과 지상권 설정 계약을 체결했으며 Fund 명의의 지상권을 설정했음(대출금 최초 인출선행조건). • 사업시행법인은 신안군으로부터 송전선로 지중화 구간 건설 및 사용과 관련한 도로점용허가를 받았음 • 상기한 조치에도 불구하고, 임대료 지급 지연, 임대차 계약과 관련한 분쟁의 발생, 도로점용허가의 연장 불가, 도로점용허가의 취소사유 등의 발생 등이 Fund 투자금 회수에 영향을 미칠 수 있음

1.3.2. 출자 관련 위험

위험 유형	주요 내용
• 출자 관련 위험 - 출자 지연 및 출자 의무 미이행에 대한 위험	• 본 사업의 출자자는 에이알이(주)(51%), 한국남동발전(주) 및 Fund(20%)로 구성되며, 에이알이(주) 및 한국남동발전(주)의 출자 확인 후 Fund의 자본금 출자 및 대출금 인출이 이루어졌음 • 에이알이(주)가 주주협약 상의 출자의무 등을 미이행할 시 남학기업(주)가 주주협약 상의 의무를 연대하여 이행할 의무 있음 • 향후 총투자비가 증가되는 사유가 발생할 경우, 에이알이(주)(남학기업(주) 연대이행보증) 및 한국남동발전(주)은 대주단에 제출한 출자자약정서에 의거 각사의 지분비율에 의해 출자 또는 후순위대여 등의 방법으로 자금을 공여하게 됨 • 상기한 조치에도 불구하고, 출자자의 출자지연, 출자의무 미이행 등으로 Fund의 투자 개시 지연 등이 발생할 수 있음

1.3.3. REC 매매계약 위험

위험 유형	주요 내용
• REC 매매계약 관련 위험 - REC 매매계약 불발 위험 - 발전량 하락에 의한 REC 계약 해지 위험	• 사업시행법인은 한국남동발전(주)과 2018년 4월 23일 자은풍력발전사업 공동개발 양해각서를 체결하였고, SMP+REC = 184원/kWh의 장기 REC 계약 단가를 명기한 사업참여 의향서를 수령하였으며, 한국남동발전㈜와 상업운전 개시 후 20년간 [SMP×1,000 + REC×1.2 = 200,612원/MWh]의 장기 고정가격 REC 매매계약을 체결했음(대출금 최초인출조건) • 운영기간 중 EPK 계약에 따라 Enercon Korea Inc.는 전체 운영기간 동안 발전설비를 관리운영하며, 매년 단지 평균 가동률(Availability)을 97%로 보장하여 사업시행법인은 안정적으로 발전설비를 운영하게 됨 • 상기한 조치에도 불구하고, 향후 국가 정책의 변경, REC 매수자인 한국남동발전㈜의 사정변경, 발전량의 하락, 주민참여 REC 가중치의 변경 또는 불인정 등의 사유로 REC 매매계약의 조건이 변경되거나, 계약이 해지될 수 있는 위험은 존재

1.3.4. 건설 관련 위험

위험 유형	주요 내용
• 인허가 위험 - 제반 인허가 및 주요 계약 미확보 위험	• 본 사업 착공을 위한 주요 허가와 승인(발전사업허가, 개발행위허가, 도로점용허가, 건축허가 등)은 이미 취득되었으며 건축허가를 제외한 주요 인허가는 최초인출선행조건 사항임 • 그럼에도 불구하고, 운영을 위한 허가나 승인의 지연 또는 취득된 인허가의 취소 등 관련 중대사항이 발생될 경우 Fund 투자 회수에 영향을 미칠 수 있음
• 준공 위험 - 발전기 운송 위험 - 시공능력 미달 및 경험부족으로 인한 위험 - 사고 및 자연재해 등으로 인한 사업비 증가 위험 - Cost Over Run 위험	• 공급업체인 Enercon Korea Inc.는 해외에서 생산된 풍력발전기를 공급업체의 책임과 비용으로 국내까지 운송하며, 국내 운송의 경우 EPC 계약에 따라 시공사가 시공사의 책임과 비용으로 사업부지까지 풍력발전기를 운송함 • 본 사업의 대표 시공사는 다수의 국내 풍력발전사업 EPC 경험(2018년말 기준 153MW의 풍력발전설비 시공)을 확보하고 있는 ㈜동국S&C로서 사업시행법인과 확정가격 일괄 도급계약으로 EPC 계약을 체결하고 책임준공을 보장 • 시공사는 사업시행법인을 피보험자로 하여 공사목적물의 물적손해를 담보하고, 상업운전 지연으로 발생하는 사업시행법인의 예정이익상실을 담보하기 위해 건설기간 중 적정보험에 가입했음

위험 유형	주요 내용
	• 사업비 증가 방지 및 적기준공을 위해 EPC계약과 관련한 계약이행보증보험 수령, 선급금환급보증보험 수령, 지체상금 명시 및 공사비 지급을 통제·관리하며, 총 투자비 증가에 따른 Cost Over Run 발생 시 출자자약정에 따라 Fund를 제외한 출자자는 추가출자 또는 후순위 대여를 통한 자금보충의무 부담 • 상기한 조치에도 불구하고, 건설단계에서 발생될 수 있는 여러 요인들로 인해 준공지연 및 Cost Over Rund 등이 발생될 수 있음
• 운영개시 위험 - 사용전검사, 계통연계 등 상업운전을 위한 절차 지연	• 상업운전을 위한 사용전검사 및 계통연계 등의 업무는 시공사의 업무로서 EPC계약에 포함되며, 사용전검사, 계통연계, 상업운전 개시, 제반 모든 인·허가의 완료 이후 최종기성대가(잔금)이 지급됨

1.3.5. 민원 관련 위험

위험 유형	주요 내용
• 민원 위험 - 민원발생에 의한 착공 및 공사지연 위험 - 건설 및 운영 단계에서의 민원발생 위험	• 공사도급계약에 따르면 시공민원의 경우 EPC사의 책임범위이고, 사업민원의 경우 사업시행법인의 책임범위이나, 사업시행법인은 발전기 주변 마을 풍력위원회 및 주민참여법인인 (유)자은풍력발전와의 수익금 배분 합의서, 송전선로 주변 송전선로 관련 민원 합의서, 발전기 주변 민원인과의 발전기 관련 민원 합의서 등을 체결하여 개발행위허가를 완료한 바 있음 • 본 사업은 주민참여 풍력발전사업으로 사업부지 인근에 거주하는 주민이 참여하고 있는 주민참여법인인 자은풍력발전으로의 운영기간 중 수익분배를 통해 운영기간 중 발생될 수 있는 민원 위험을 저감시키고 있음 • 출자자이자 본 사업의 개발자인 에이알㈜는 주주협약에 따라 시공 민원을 제외한 민원을 자신의 책임과 비용으로 해결해야 하며, 출자자약정에 따라 시공민원을 제외한 민원해결과 관련하여 사업시행법인에 비용이 발생할 경우 에이알㈜가 추가출자 또는 후순위대여를 통해 자금보충하도록 되어 있음(연대보증서에 따라 남학기업㈜이 주주협약 및 출자자약정서 상의 에이알㈜의 의무를 연대보증하고 있음) • 상기 조치에도 불구하고, 건설 및 운영기간 중 발생되는 민원에 의해 착공 및 상업운전 개시가 지연되거나 사업시설의 운영이 중단될 수 있으며, 이는 Fund 투자금의 회수에 영향을 미칠 수 있음

1.3.6. 설비확인 관련 위험

위험 유형	주요 내용
• 설비확인 관련 위험 - 풍력발전기 인증 지연으로 인한 설비확인 지연위험 - 주민참여 가중치 부여 및 유지 관련 위험	• 본 사업에 사용되는 풍력발전기는 Enercon GmbH사의 E-138 EP3 (4.2MW)로서 Fund 투자 검토일 현재 국내 인증이 완료되지 않은 상황으로, EPC계약에 의해 시공사는 2021년 3월 31일과 전체준공일 중 먼저 도래한 날까지 「신에너지 및 재생에너지 개발·이용·보급 촉진법」 제13조 및 「공급인증서 발급 및 거래시장 운영에 관한 규칙」 제13조 제4항 제3호 및 동 규칙 별표1 공급인증서 발급대상 설비 기준 3. 풍력 설비 상의 설비 인증을 취득하여야 하고, 설비인증이 미취득될 경우 설비인증이 취득될 때 까지 배상금을 사업시행법인에 납부하여야 함(배상한도 금액: 터빈구매계약금액(VAT 제외 금액)의 100% 이내)
	• 본 사업은 주민참여형 사업으로 Fund 투자검토일 현재 총사업비의 4% 이상을 주민참여법인을 통해 조달하여 신재생에너지 공급의무화제도 및 연료혼합의무화제도 관리운영지침에 따라 1.2의 공급인증서 가중치를 부여받도록 되어 있음 • 그러나, 가중치 부여시점 및 운영기간 중 고시 및 운영규칙의 변경, 주민참여법인의 고시 및 운영규칙 기준 미달 등의 사유로 인해 주민참여에 따른 우대가중치가 감소될 수 있는 위험이 존재

1.3.7. 운영 위험

위험 유형	주요 내용
• 운영관련 위험 - 운영비용 증가 - 운영기간 발전량 감소로 인한 매출 감소 - 자연재해 등으로 인한 발전량의 감소 - SMP 및 REC 가격 변동 위험	• 본 사업시설의 관리운영은 i) 주기기의 경우 Enercon Korea Inc.와의 EPK계약, ii) 주기기를 제외한 사업시설의 경우 남학기업㈜와의 관리운영계약을 통해 이루어지며, 두 계약 모두 확정가격 관리운영계약으로 체결되었음(물가상승률도 반영) • 관리운영계약에 따른 추가관리운영비를 통해 사업시행 법인은 EPK 계약, 기타비용의 물가상승률 및 환율 상승 등으로 인한 비용 상승분을 충당하도록 되어 있음 • 상기 조치에도 불구하고, 특정 사유로 인하여 운영비용 증가가 발생될 수 있으며, 관리운영사의 신용위험 등은 상존함
	• 본 사업 발전량 추정은 전문 기술실사기관인 DNV GL을 통해 수행된 결과로서 계측기간 2년 8개월의 실측 DATA를 토대로 예측되었으며, 주기기 풍력발전기는 2017년 말 기준 전 세계 5위, 독일 1위의 시장점유율을 보유한 독일 Enercon社의 발전설비임

위험 유형	주요 내용
	• 본 사업시설 전체 준공일로부터 1년간 Power-curve에 대한 성능시험이 진행될 예정이며, 이 결과가 예정된 성능에 미치지 못할 경우, 성능시험 기간이 연장되며 최대 2년간 부족한 성능에 대한 성능배상 의무가 시공사에 부여되어 있음 • EPK 계약에 의해 운영개시 이후 20년간 매 1년 단위로 EPK 계약의 계약자인 Enercon Korea Inc.에서 가동률(Availability) 97%를 보장하며, 매 1년 단위로 손해배상액을 정산할 예정(보상한도금액 없음) • 상기 조치에도 불구하고, 풍향자원의 감소, 발전설비의 성능저하 등으로 운영기간 발전량이 감소될 수 있음
	• 각종 자연재해 및 사고위험을 담보하기 위해 운영기간 중 적정보험에 가입할 예정
	• 사업시행법인은 한국남동발전㈜과 장기 고정가격 공급 인증서매매계약을 체결을 통해 전력판매 단가의 확정으로 매출안정화 추구 • 다만, 한국남동발전㈜의 사정변경, 계약 해지 등이 발생 될 경우 SMP 및 REC 가격 변동 상황이 발생될 수 있음

1.4. 본 사업의 시사점

본 사업은 국내에서 최초로 지역주민이 사업주로 참여하여 시행된 풍력발전사업이라는 점에서 의미가 크다. 즉, 이전까지의 투자자/ 공급자 위주 기후금융에서 주민참여형으로 국내 기후금융이 한 단계 발전하는 계기가 되었다고 평가할 수 있다. 주민참여법인 (자은풍력 발전)은 FI 투자펀드(자은풍력발전펀드)로부터 대출을 받아 이 자금으로 SPC 발행 채권에 투자하여 받은 이자로 수익을 올리고 있다. 이 수익금을 2개 마을 주민들에게 분배함으로써 주민들이 본 사업을 통해 직접적인 경제적 이익을 얻고 있다.

공기업이 제공하는 장기구매계약, 세계적 공급사의 유지보수 및 가동률 보장, EPC사의 완공보증(책임준공) 등의 핵심 위험관리방안을 마련했고 안정적 미래현금흐름에 근거한 PF도 본 사업의 성공적 자금조달에 기여했다. 사업 참여사 대부분이 중소기업이라는 점도 주목할 필요 있다. 한국남동발전(주)을 제외한 국내 사업참여사들은 중소기업이고 대기업은 없다는 점에서 우리나라 신재생에너지 시장의 일천한 연혁과 작은 시장규모를 알 수 있다.

2. 태양광 발전사업 - 해남태양광발전

2.1. 사업 개요

2.1.1. 사업 내용

본 사업은 전남 해남군 황산면 폐 염전 일대에 건설하는 약 54MW 규모의 태양광 발전 사업이다.

표 4-3 본 사업의 사업개요

구 분	내 용
사업명	• 해남군 54메가 태양광사업
위치	• 전남 해남군 한자리 일대
사업시행사	• 제이더블유솔라파크 외 5개
EPC 및 O&M	• EPC: 톱텍, O&M: 탑선
운영기간	• 20년
설비용량	• 54MW 고정형
예상사업비	• 약 1,065억원
재원조달	• 자기자본: 7%(75억원) • 선순위차입금: 76%(809억원) • 후순위차입금: 17%(181억원)
펀드 예상투자액	• 809억(선순위차입금)
REC 계약처	• 한국남동발전(주) (예정)
REC 가격	• SMP+REC=172원으로 체결완료
예상발전시간	• 3.7시간/day • 보장발전시간: 3.6시간/day

자료: 사업설명서.

본 사업의 시행사(SPC)는 서로 다른 지역을 커버하는 JW솔라파크 등 6개사로 구성되어 있으며 사업비 규모는 1,065억원이다. 재원조달은 SPC 자기자본 75억원(7%), 선순위 차입 809억원(76%), 후순위 차입 181억원(17%)으로 이루어졌다. 이 중에서 선순위 차입 809억원은 전액 '신한BNP 파리바 자산 운용'이 운용하는 신한BNPP그린에너지 사모펀드제2호(이하 '그린 에너지2호펀드'로 약칭)'로부터 투자 되었다. 자기자본 출자는 EPC 회사, 운영사, 발전자회사 등에 의해 이루어졌다. EPC는 '톱텍', O&M은 '탑선'이 맡았으며 REC 계약 은 [SMP+REC=172원]의 확정가격에 한국남동발전(주)가 제공하고 있다. 운영기간은 20년이며 예상발전시간은 3.7시간/day, 보장발전시간은 3.6 시간/day이다. 본 사업에서 생산된 전력과 REC는 각각 한전과 한국남동발전(주)에 판매되며 관리운영은 전술한 관리운영사가 담당한다.

표 4-4 본 사업 추진경과

구분	내용
2015.10	• 개발행위허가 완료(54MW) • 발전사업허가 완료(JW에너지, JW솔라파크 39.6MW)
2015.12	• REC 계약체결완료 • 발전사업허가 완료예정(나머지 14.66MW)
2016.1	• 대출약정 및 각종계약 체결 • 토목공사 및 태양광발전소 설치 공사 진행
2017.1	• 상업운전개시

자료: 사업설명서.

본 사업의 투자대상 프로젝트 목록과 명세는 다음의 〈표 4-5〉에 나타나 있는 바와 같음

표 4-5 본 사업의 투자대상 프로젝트 목록

발전소명	용량(MW)	지번	면적(㎡)	REC가중치
JW솔라팍	21.780	855-1	264,630	0.723
JW에너지	17.820	23-4~8	203,076	0.723
초포솔라	3.657	23-9,10	42,264	0.952
내외진태양광	3.747	23-11	43,284	0.946
우실태양광	3.849	23-12,13	43,948	0.939
금오에너지	3.402	23-31	39,754	0.970
합계	54.255		636,956	0.785

자료: 사업설명서.

2.2. 자금조달 조건 및 구조

본 사업에 투자하는 그린에너지2호 펀드의 투자조건은 <표 4-6>에 나타나 있다.

표 4-6 그린에너지2호 펀드의 투자조건

구분	내용
펀드명	• (가칭) 신한BNPP 전문투자형 그린에너지 사모특별자산 투자신탁 제2호(태양광사업)
펀드 유형	• 자본시장과 금융투자업에 관한 법률상의 특별자산 집합투자기구, 투자신탁형, 사모형, 환매금지형, 폐쇄형
투자 대상 자산	• 해남 지역일대 약54MW의 태양광 발전사업을 시행할 태양광 바런사업자인 ㈜제이더블유솔라파크, ㈜제이더블유에너지, ㈜초포솔라, ㈜내외진태양광, ㈜우실태양광, ㈜금호에너지에 대한 대출채권
펀드 모집액	• 약 [810]억원
모집 방식	• 사모 Capital Call방식
펀드 만기	• 설정일로부터 [2]년이 경과한 날 또는 매입약정총액 전액 매입 완료된 날 중 먼저 도래하는 날
목표 수익률	• IRR 4.4%, 목표수익률은 펀드관련비용 차감 후 만기 보유시 수익률이며 달성가능성을 전제로 한 보장수익률은 아님
펀드 관련 비용	• 펀드 보수: 펀드 NAV기준 연 [20]bp • 기타비용: 대출채권매입에 따른 비용, 법률자문 및 회계자문비용 등 신탁계약에 따른 비용
성과보수	• 펀드청산시점의 최종수익률이 목표수익률을 초과하는 경우, 초과수익의 20%를 집합투자업자에게 지급
이익 배당	• 매 분기말 결산후 이익배당 • 단, 대출채권 및 지분증권의 경우 중도상환 혹은 회수된 원금은 수시로 수익자에게 지급(원본분배) 가능

자료: 사업설명서.

동 펀드의 투자구조는 〈그림 4-4〉에 나타나 있는 바와 같다.

그림 4-4 펀드 투자구조

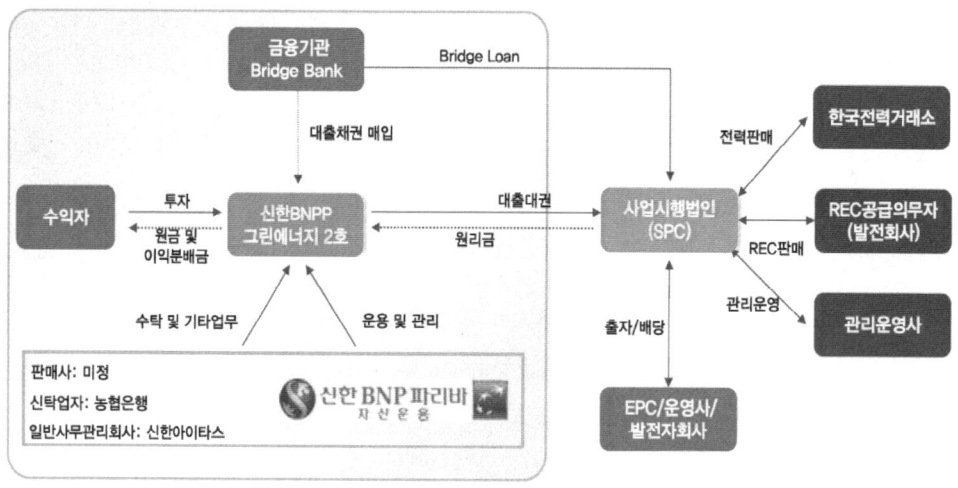

자료: 사업설명서.

그린에너지펀드2호는 신한BNPP자산운용에서 수익자로부터 출자받은 809억원을 본 사업 시행법인에 선순위 대출(Bridge Loan 포함)로 운영 하여 원리금과 배당을 받아 수익자에게 원금과 이익분배금을 지급한다. 사모펀드의 운용은 BNPP자산운용이 맡고 49인 이하의 기관투자자들이 수익자로 참여했으며 Capital Call 방식으로 투자가 이루어졌다. 펀드 수익률은 본 사업의 높은 경제성과 안정성을 반영하여 IRR 기준 연 4.4%로 저렴한 수준이다.

2.3. 사업의 특장

2.3.1. 안정적인 신재생 에너지 사업

태양광 발전사업은 안정적인 발전원인 태양에너지를 이용하고 시공 및 유지관리의 난이도가 높지 않아 보다 안정적인 발전량을 기대할 수 있다. 1985-2014년 본 사업부지의 30년간 단위면적당 수평면 일사시간은 3.61시간이며 최소(3.12시간)-최대(3.90시간)으로 시간편차가 크지 않은 편이다. 시공 및 유지관리 난이도가 높지 않아 태양광 발전의 시공 및 유지보수 비용은 약 22억원/MW로 다른 신재생 발전원에 비해 저렴한 편이다. 반면에 풍력사업의 경우 인허가나 민원 이슈, 바이오매스의 경우 원료수급의 불확실성, 연료전지의 경우 수익성 문제 등으로 인해 사업 진행에 어려움이 있다.

그림 4-5 최근 30년간(1984-2014년) 일사시간 추이

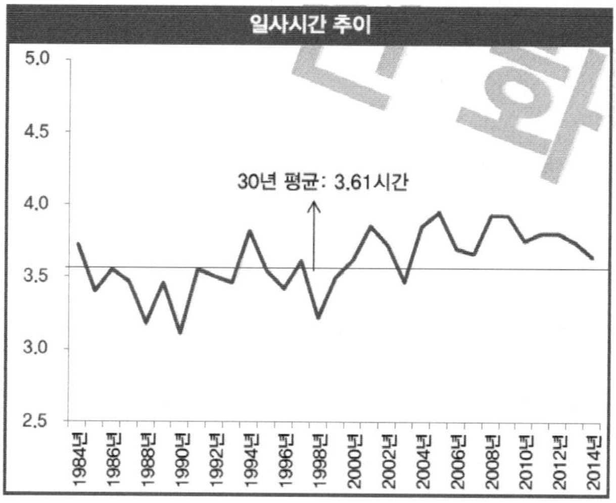

자료: 기상청.

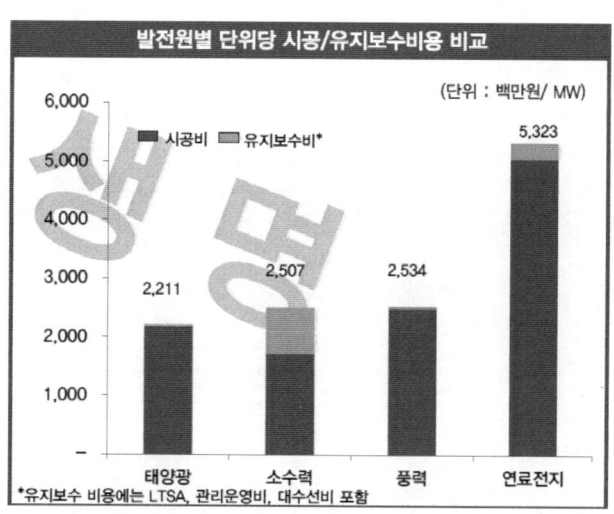

그림 4-6 발전원별 단위당 시공/유지보수 비용 비교

자료: 사업설명서.

Ⅳ. 기후금융 자금조달 사례연구 및 시사점

2.3.2. 사업성 높은 해남지역의 대규모 태양광 사업

본 사업은 전국적으로 높은 일사량을 자랑하는 해남지역의 단일부지에서 시행하는 54MW 태양광 발전사업이라는 점에서 규모의 경제 효과를 누릴 수 있을 뿐 아니라 발전시간 면에서도 타 지역 대비 유리한 사업이다.

다음의 〈그림 4-7〉에서도 볼 수 있듯이, 해남과 목표 지역의 일사량은 전국 최고 수준으로서 전국 평균 일사량 대비 8.8% 높은 수준이다.

그림 4-7 전국 각 지역의 일사량 비교

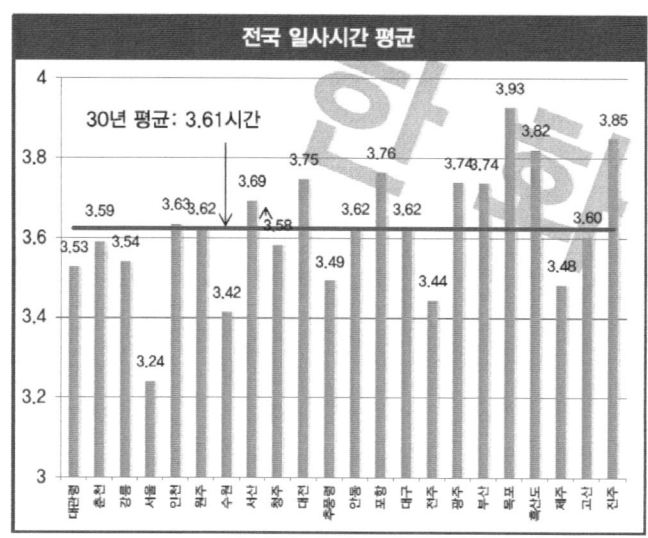

주: 기상청 일사량 통계치를 바탕으로 작성
자료: 사업설명서.

본 사업지 인근의 발전시간을 구체적으로 살펴보면 다음의 〈표 4-7〉과 같다.

표 4-7 본 사업지 인근의 발전시간 비교

구 분	전남에너지	다남 솔라	베스트 솔라
위치	해남군 화원면 구림리	해남군 황산면 호동리	해남군 황산면 한자리
규모(MW)	7.99	6.89	10.88
형태	고정형(20도)	고정가변형	고정가변형
직전1년차 발전시간 (h/day) (주1)	3.74	3.79	3.88
직전2년차 발전시간 (h/day)	n/a(주2)	3.77	3.96(주3)

주1: 2014년 11월~2015년 10월
주2: 전남에너지는 2014년 8월부터 운영개시, 영지길쌈은 2014년 3월 운영개시함
주3: 운영개시일인 2014년 1월~2014년 10월
자료: 사업설명서.

본 사업지와 인접한 발전소의 직전 2년간 발전시간이 모두 3.7시간을 초과하고 있으며, 특히 전남에너지는 본 사업과 같은 고정형 발전소로서 본 사업 관리운영사인 '탑선'이 운영하고 있다.

2.3.3. SMP + REC 확정 계약구조

본 사업은 SMP 변동으로 인한 불확실성을 REC 계약으로 보완하는 사업이다.

그림 4-8 본 사업 직전 4년간 SMP/두바이유/브렌트유 가격변동 추이(2013-2015년)

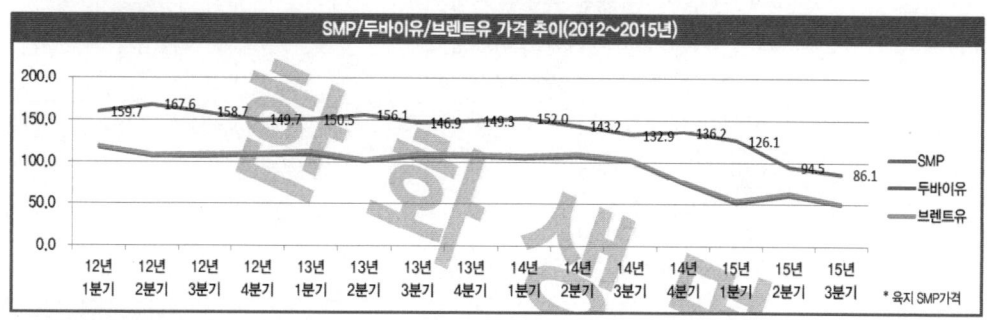

자료: 사업설명서.

과거 130원을 유지하던 SMP가 유가하락으로 인해 2015. 2-10월에는 평균 102원 수준으로 떨어졌다. 본 사업에서는 REC 금액이 [172원/KWH – 실제 SMP]로 산정되는 방식으로 20년 계약을 체결 했는데, 이를 통해 향후 20년간 SMP 변동으로 인한 위험이 헤지되는 방식을 취하고 있다.

2.4. 경제성 분석

2.4.1. 주요 가정

본 사업의 경제성 분석을 위한 주요 가정들은 〈표 4-8〉에 나타나 있다.

표 4-8 경제성 분석을 위한 주요 가정

구분	내용
총투자비	106,474백만원(6개 사업 합계)
재원조달구조	자본금: 7,453백만원, 후순위대출금: 18,101백만원, 선순위대출금: 80,920백만원(6개 사업 합계)
건설기간	2016년 1월 1일~2016년 12월 31일
상업운전개시일	2017년 1월 1일
운영기간	2017년 1월 1일~2036년 12월 31일(20년)
REC계약기간	2017년 1월 1일~2036년 12월 31일(상업운전개시일로부터 20년간)
대출금리	선순위 대출금: 고정 4.60% 후순위 대출금: 최초 인출로부터 6년 시점까지는 고정 5.9%, 그 이후는 고정 5.0%
대출기간	선순위 대출금: 2015년 12월 31일~2031년 12월 31일(최초 인출일로부터 16년) 후순위 대출금: 2015년 12월 31일~2034년 6월 30일(최초 인출일로부터 18.5년)
상환기간	선순위 대출금: 2017년 3월 31일~2031년 12월 31일(최초 상환개시 후 14.75년 동안 원리금 불균등 분할상환) 후순위 대출금: 2031년 12월 31일~2034년 6월 30일(최초 상환개시 후 2.5년 동안 원리금 불균등 분할상환)
REC 단가	한국남동발전(주)과 kWh당 SMP+REC 단가가 172원 고정금액으로 20년간 REC를 공급하는 내용으로 본 계약 체결
SMP 추정단가	100원/kWh
적용발전시간	3.6시간/day(보장발전시간임)
운영비용	임대차계약서상 임대료 및 관리 운영비용 반영

자료: 사업설명서.

상기한 가정에 기반한 펀드의 예상 수익률(ROI) 연 4.46%(보수 차감 후)로 기대된다(〈표 4-9〉 참조).

표 4-9 펀드의 현금흐름과 수익률

구분		금액	구분		금액
현금유출 (A)	선순위대출	80,920	현금유입 (B)	선순위 대출금 원금회수	80,920
	펀드운용보수	1,407		선순위 대출금 이자회수	32,360
	기타비용	81			
	현금유출합계	82,408		현금유입합계	113,280
현금 순유입(A-B)		54,059	투자수익률(ROI)		4.46%

자료: 사업설명서.

발전시간 및 SMP 단가 변동에 따른 펀드 수익률의 민감도 분석은 〈표 4-10〉에 나타나 있는 바와 같다.

표 4-10 펀드 수익률의 민감도 분석

구분	펀드통합수익률9RO)		선순위 대출기간내 상환이 완료되는 발전시간	
SMP	3.6시간 (보장발전시간)	3.7시간 (예상발전시간)	JW솔라파크, JW에너지	초포솔라, 내외진태양광, 우실태양광, 금오에너지
106원	4.46%	4.46%	2.85시간	2.92시간
100원	4.46%	4.46%	2.88시간	2.93시간
90원	4.46%	4.46%	2.94시간	2.94시간
82원	4.46%	4.46%	2.98시간	2.95시간
73원	4.46%	4.46%	3.03시간	2.96시간

자료: 사업설명서.

2.5. 본 사업의 위험분석 및 관리

2.5.1. 건설기간 주요 위험

위험	내용	관리방안
시공관련 위험	공사완공 지연위험	• EPC업체인 ㈜톱텍은 자산총계 2,172억원, 매출액 1,717억원(2014년 기준) 규모의 상장업체로 과거 태양광 실적이 풍부한 업체로 선정
	EPC사 교체 위험	• 본 사업의 EPC 금액은 MW당 약 16억원으로서 당시 타 태양광사업들의 EPC 금액이 대략 MW당 13억원에서 17억원인 점을 고려할 경우 적정한 수준임 • 공사기간이 단기간인 점을 고려할 경우 공사기간 중 EPC사가 교체될 위험은 크지 않을 것으로 판단됨
공기지연 및 공사비 증가 위험	• 모듈을 비롯한 기자재의 불안정 수급으로 인한 공사비 상승위험 • 불가항력 사유 발생으로 인한 공기지연 및 공사비 증가 위험	• 시공사와 Fixed lump sum 방식의 공사도급계약 체결 • 공사도급계약서상 책임준공 의무 등 공사비상승 위험을 막는 조항 명기
REC 계약 미체결 위험	REC 공급계약 미체결 위험	• 2015년 10월에 한국남동발전(주)로부터 REC구매의향서 수령 • REC공급계약서는 최초 인출 선행조건으로서 REC 공급계약 미체결시 대출이 발생하지 않는 구조임 • SMP+REC 기준가격 금액을 20년간 172원의 고정가격으로 한국남동발전과 계약체결 완료
민원위험	건설기간 민원 위험	• 공사도급계약서상 건설기간 중 사업시설과 관련하여 발생하는 민원을 EPC 업체인 ㈜톱텍의 책임 및 비용으로 처리하도록 계약하여 건설기간 민원위험은 EPC사에서 부담하는 구조

2.5.2. 운영기간 주요 위험

위험	내용	관리방안
SMP 및 REC 가격변동 위험	SMP 및 REC 변동으로 인한 매출감소 위험	• 본 사업의 경우 SMP+REC 금액을 172원의 고정가격으로 유지되도록 REC 공급의무자인 한국남동발전(주)과 REC 공급계약 체결하여 REC 및 SMP 변동에 따른 위험 경감
발전량 감소 위험	• 운영기간 시스템 성능저하로 인한 발전량 감소 • 파손/자연재해 등으로 인한 발전량 감소 • 일사량 감소로 인한 매출의 감소	• ㈜톱텍의 운영개시 이후 3년간 일평균 3.60 시간(효율감소분 0.5%/년 반영) 발전시간 보장, 보장발전시간 미충족시 발전시간 보장기간이 3년 단위로 연장됨 • ㈜탑선이 EPC 업체의 최소발전 시간 보장 의무가 종료된 시점부터 대출금 상환이 종료되는 시점까지 일평균 3.6시간(효율감소분 0.5%/년 반영) 발전시간 보장
사업부지미 확보 위험	• 임대인에 의한 기한 전 임대차계약 해지위험 • 임대인의 파산 등의 사유로 인한 계약해지 위험	• 체결되어 있는 임대차 계약에 따르면 사업기간 내 소유권 변경(매매, 상속, 증여 등)이 발생하는 경우 본 협약을 동일한 조건으로 승계하는 것을 원칙으로 함 • 최초인출시 본 사업부지에 지상권 설정
운영비 초과 위험	유지보수비 및 시설대체비 증가 위험	• 확정가격으로 관리운영위탁계약 체결
민원위험	운영기간 민원 위험	• 관리운영계약서상 의무이행 및 사업시설과 관련하여 발생하는 제반 민원을 위탁운영사의 책임 및 비용으로 처리하도록 계약 체결했으므로 운영기간 민원위험은 O&M사에서 전가되는 구조임

2.6. 본 사업의 시사점

2.6.1. Bundling을 통한 사업 추진

본 사업은 해남군 인근 6개 지역의 태양광 발전사업을 묶어(bundling) 추진했다는 점에서 여타 사업 대비 차별성을 찾을 수 있다. 즉, 개별적으로는 규모 및 타당성이 열악한 사업들을 하나로 묶어 전체 사업성을 제고할 수 있었고 이에 따른 외부 투자자 확보가 가능했다고 할 수 있다.

2.6.2. 상대적으로 낮은 수익률로 자금조달 성공

본 사업에 투자된 펀드의 예상 수익률은 IRR 기준 연 4.5%로 비교적 저렴한 수준이다. 이 수익률은 펀드가 본 사업에 투자된 2015년 시점의 저금리 및 시중 여유자금의 초과공급 상황이 본 사업의 높은 사업성과 맞물려 가능했던 것으로 보인다. 2020년 현재 시장금리는 당시에 비해 더 하락한 상황이므로 지금 유사 사업을 추진한다면 IRR 4.5% 이하의 사업성으로도 가능할 것으로 보인다.

2019년 말 기준 국내 여유(부동)자금 규모는 1200조원에 달하는 것으로 추정된다. 이에 기반해 볼 때, 향후 태양광을 비롯한 신재생 에너지 사업이 본 사업과 같은 안정적 현금흐름과 합리적 이해 당사자 구조를 갖출 수 있다면 상당한 저금리로도 조달될 수 있다고 판단된다.

2.6.3. 다단계의 금융구조화

본 사업은 1065억원의 총사업비를 7%의 자기자본, 93%의 타인자본으로 조달하고 있으며(〈그림 4-9〉 참조) 자기자본은 FI와 CI(Construction Investors)가 나누어 출자했다.

그림 4-9 본 사업의 금융구조

소요재원 항목	합계	JW 솔라파크	JW 에너지	초포솔라	내외진 태양광	우실 태양광	금오 에너지
자본금(8%)	7,453	2,873	2,359	553	566	580	521
1) FI(주1)	4,971	2,730	2,241	-	-	-	-
2) CI(OI or SI)	2,482	144	118	553	566	580	521
2. 대출금(93%)	99,021	38,175	31,346	7,352	7,518	7,708	6,921
1) 후순위대출금(17%)(주1)	18,101	6,978	5,730	1,344	1,374	1,409	1,265
2) 선순위대출금(6%)	80,920	31,197	25,616	6,008	6,144	6,299	5,656
재원조달 합계	106,474	41,049	33,706	7,905	8,084	8,288	7,442

주1: 본 사업의 FI 자본금 및 후순위대출은 신한BNPP그린에너지2호 펀드가 투자하며, JW솔라파크, JW에너지 2개사의 FI 지분율은 95%, 초포솔라, 내외진태양광, 우실태양광, 금오에너지 4개사의 FI 지분율은 0%임
자료: 사업설명서.

93%의 대출은 선순위대출(76%)과 후순위대출(17%)의 다단계로 구조화되어 있으며 전술한 그린에너지2호펀드가 선순위대출과 자기자본 일부를 제공했고 후순위대출은 또 다른 신한BNPP사모펀드가 맡았다.

3. 풍력발전사업 - 태백가덕산풍력발전

3.1. 사업 개요

표 4-11 본 사업의 사업개요

위치	• 강원도 태백시 원동 산97 일원
시설규모	• 43.2MW급 (3.6MW * 12기 내외)
총사업비	• 약 1,248억원 (EPC금액: 1,042억원)
투자지분	• 강원도 34%+동서 34%+KGC 20%+동성 2%+주민 10%
EPC지분	• KGC 80%+동성 20%
공사기간	• 착공 후 24개월
운영기간	• 발전소 준공 후 20년
사업방식	• BOO방식(Build-Own-Operate)

자료: 사업설명서.

본 사업은 강원도 태백시에 3.6MW급 풍력발전기 12기 내외를 건설/ 운영하는 사업으로서 총사업비는 1248억원, EPC 금액은 1042억원 규모이다. 공사기간은 착공 후 2년, 운영기간은 준공 후 20년이며 BOO의 사업 방식으로 진행된다.

표 4-12 본 사업의 진행 과정

2011. 01. 21.	신재생에너지 "투자양해각서" 체결(강원도, 한국동서발전(주) 등)
2011. 06. 09.	풍황계측기 설치 및 측정
2016. 07. 14.	전기사업허가 취득 (산업통상자원부)
2016. 08. 19.	가덕산 풍력발전단지 공동개발 업무협약 체결 (강원도, 한국동서발전(주), 코오롱글로벌(주), 동성)

2017. 04.	주민설명회(1차-4/27, 2차-5/25, 3차-6/30)
2017. 07.	개발행위허가 신청 / 소규모환경영향평가 협의 요청(한국동서발전(주)→태백시)
2017. 07.	관계기관(부서) 협의 (산지일시사용, 사전재해영향성 검토협의 등)
2018. 02.	주민 사업 동의서 체결
2018. 03. 07.	개발행위 허가 재신청(한국동서발전(주)→태백시, 관계기관 협의 의견에 따른 면적 변경)
2018. 06. 11.	태백시 도시계획위원회 자문
2018. 07. 20.	강원도 도시계획위원회 자문
2018. 08.	태백시 개발행위허가증 교부
2018. 10.	특수목적법인 설립(태백 가덕산 풍력발전주식회사)
2018. 11.	EPC 도급계약 및 착공
2018. 12. 28.	금융 약정(1차 인출: 2019.01 중순 예정)
2020. 10.	상업운전 및 준공

그림 4-10 본 사업의 사업구조

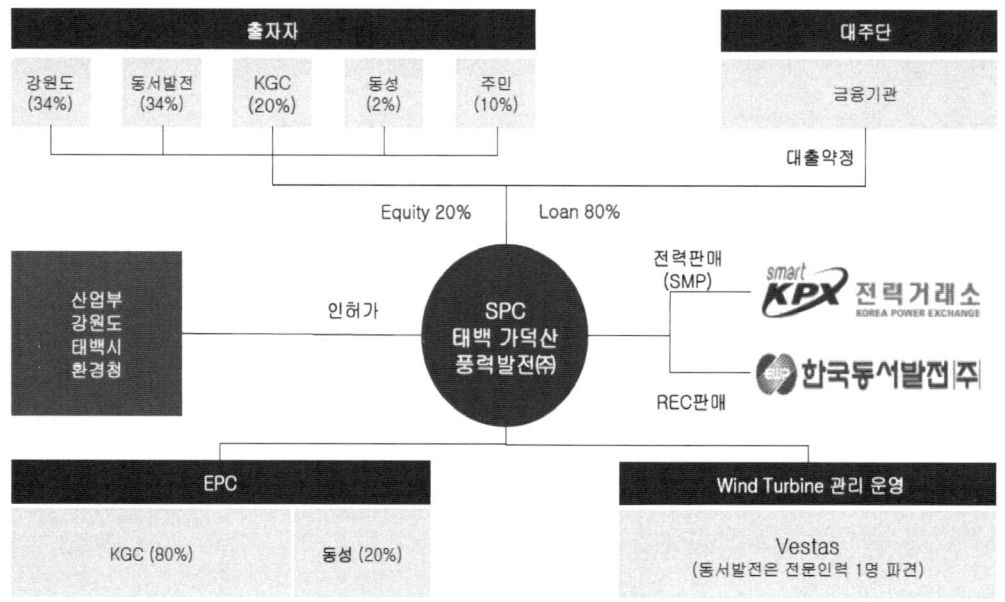

※ 상기 EPC 비율은 실제 공사수행 비율이고, 전체 공사 및 준공보증 주체는 KGC 임.

자료: 사업설명서.

본 사업의 자금조달은 자기자본 20%, 타인자본 80%로 이루어지며 SPC 출자자는 지자체(강원도), REC 매수 공기업(동서발전), 시공사(코오롱글로벌, 동성), 주민

등으로 다양하게 구성되어 있다. 특히 지자체와 공기업이 각각 34%의 최대 출자자로서 사업의 경제성과 안전성을 제고하고 있다는 점이 본 사업의 특징이라고 할 수 있다. 운영은 이 분야에서 세계적 명성을 가지고 있는 Vestas가 맡아 운영위험을 최소화하고 있다.

표 4-13 주요 자금조달조건

항목		내용	비고
Debt/Equity 비율		80/20	주민 10%, 강원도청 17%를 제외한 73% (182.5억원) 납입 완료
대출 금액		변동 [100]억원 고정 [923]억원	총 사업비, 1,248억원 가정(주주사 지분 출자금 225억원 가정, 주민출자금은 제외)
금리		변동 [3.40%]	AA 금융채 5년물 +65bp
		고정 [3.90%]	대형보험사 위주의 대주단 구성으로 참여기관 최소화 본 금리조건은 REC 구매자인 동서발전이 참여한 기존 풍력사업과 동일하게 매년 예정 상환원리금 및 관리운영비를 보장해주는 조건하에 실행가능한 금리임
대출기간		변동 [21년] (3년 거치) 고정 [21년] (3년 거치)	차주와 만기 관련 최종 협의 중
조기상환수수료		0.3%(대출 1차 인출시부터 5년 이내) 0.1%(대출 1차 인출시부터 5년 이후)	사업 수익금을 통한 조기상환 시 조기상환수수료 면제
대리은행수수료		매년 2,500만원	원금 전액 상환시가지 매년 말 수취
지역주민 지분투자금		25억원을 대출금액에 포함하여 민원비로 지급	준공시점에 지역주민에게 민원비로 지급 후 지급당일에 즉시 주식납입금으로 투입함
전문 컨설팅	사업성검토: 한국기업평가	0.6억원	※ 기술자문(DNV GL)은 EPC 수행 예정인 KGC에서 터빈 평가 및 선정을 위한 용역을 통해 수행 완료(실측 풍향분석 자료를 사용하여 Wind Assessment 완료) ※ 금융자문사 외의 외부 컨설팅 업체의 계약발주자는 차주로서 차주와 외부 컨설팅 업체와 직접 계약
	기술자문: DNV GL	금액: N/A(사업주 제공 자료로 진행 예정)	
	법률자문: 법무법인 광장	0.6억원	

항목		내 용	비 고
금융수수료	자문수수료: 신한금융투자	60bps	Success Fee / 약정수수료 별도 없음
	금융주선수수료: 신한금융투자		
DSCR		단순:1.1 누적:1.2	누적 기준은 전년도 미달하더라도 전년도 누적 DSCR 1.2에 미달하는 금액의 150%를 추가 리저브하고 잔여 현금 배당 가능
DSRA		3개월	총사업비에 포함하여 초기 적립 (overfunding)
에너지합리화기금		미인출/미인출 약정수수료:20bp	금년도 약정후 공사 중 가능한 빠른 시일 내에 19년도 자금배정 신청 후 배정금액만큼 약정금액에서 미인출/미인출 약정수수료는 20bp이하로 적용 예정
주주사의 현금보충약정 및 연대보증조건		없음	

자료: 사업설명서.

본 사업 대출금액은 1023억원 규모로 주로 대형 보험사들이 대주단을 구성하고 있다. 변동금리대출 100억원은 AA급 금융채(5년물) 금리에 65bp를 추가한 연 3.4%(21년 만기, 3년 거치), 고정금리대출 923억원은 연 3.9%로서 21년 만기(3년 거치) 조건이다.

3.1.1. 본 사업의 특징

한국동서발전(주)과 20년 장기 REC 구매계약을 체결함으로써 안정적인 Cash Flow를 확보함에 따라 위험 대비 매력적인 수익률을 투자자에게 제공하는 것이 가능했다. Base Case 기준 Project IRR 9.8%로서 양호한 사업성을 나타냈다. 본 사업은 풍력자원이 풍부한 태백 가덕산에 위치하여 평균 풍속 6.85m/s로 매력적인 입지를 자랑하고 있다. 세계 최고 수준의 터빈을 생산하는 Vestas의 기기를 사용하며 다양한 분야에서 경력을 쌓아온 코오롱글로벌(주)에서 EPC 수행하는 등 검증된 Track Record를 가진 관계사들로 구성되어 사업 안정성을 제고하고 있다. 신뢰성 높은 주주사들이 총사업비의 약 20%에 해당하는 금액을 출자하여 동 업계 시장 평균(약 10% 내외) 대비 충분한 자기자본을 확보하여 재무적 건전성도 확보했다. 민원해결비의 재투자 형식으로 지역 주민이 사업시행법인 총지분의 10%를 소유하여 주민 참여도를 높이고 주민들이 20년의 사업기간 동안 안정된 배당수익을 공유하도록 하여 실질적인 수혜자가 되도록 배려했다.

3.2. 경제성 분석

본 사업의 입지인 태백 가덕산은 서풍의 비율이 높으며(wind rose 매우 우수) 평균적으로 약 6.85m/s(at 60m)의 풍속을 갖고 있는 지역으로서 풍력자원이 풍부하다. 풍황분석 결과(Capacity Factor)는 다음과 같으며 이를 기초로 작성한 본 사업의 경제성 분석 결과는 〈표 4-14〉에 요약되어 있다.

- P50 : 29.3%
- P75 : 27.2% (Base Case 수치로 적용)
- P90 : 25.2% (Worst Case 수치로 적용)

표 4-14 본 사업의 경제성 분석

구분	Base Case	Worst Case
배당수익률(세전)	14.5%	11.0%
Project IRR	9.80%	7.9%
출자자 NPV(@5.4%)	414억원	327억원
출자자 순투자회수금(원금제외)	1,157억원	993억원
출자자 투자원금 회수시점	6년차	8년차

자료: 사업설명서.

본 사업의 Base Case기준 IRR은 9.8%, 출자자 NPV도 5.4% 할인율을 적용했을 때 414억원으로 예상될 정도로 양호한 경제성을 보여 주고 있으며 Worst Case를 상정하더라도 부채상환가능비율(DSCR: Debt Service Coverage Ratio)이 단순 1.65, 누적 3.15를 기록할 정도로 채무상환능력도 양호한 편이다.

3.3. 위험 분석 및 관리

본 사업 관련 발생가능 위험의 유형 및 관리방안은 다음과 같다.

3.3.1. 체계적 위험

민원/ 환경 리스크	지자체, 주민, 환경부, 산림청 등과 협의 - 최초 Siting 시 민원, 환경이슈가 적은 곳을 선정하여 사업개발(국유림 지역, 공단, 지주참여 사업지, 민가로부터 이격된 지역에서 개발) - 최초 개발행위 허가까지 적법한 절차를 거쳐 인허가 진행
신재생정책 리스크	전 세계적인 친환경에너지 전환 Trend, 기간사업으로서의 정책적 지속성 보장 - 세계 각국이 신재생에너지 중심으로 Energy Mix 재편 중이며 선진국 대비 낮은 신재생 에너지 공급비율 감안 시 본 사업에 부정적인 정책 변화 가능성 낮음 - 정책이 변화한다고 하더라도 사회기반 인프라사업 특성상 소급적용을 하지 않기에 사업관련 권리 보호 받음

3.3.2. 가격변동 위험

SMP/REC 하락 위험	발전자회사와 장기 Take-or-Pay 방식의 REC 계약 체결 - SMP+REC 고정가격 계약을 통해 SMP 가격의 변동분을 REC 단가를 통해 흡수하여 장기적으로 매출 단가 고정

3.3.3. 매출액 변동 위험

매출액 감소 위험	Take-or-Pay 방식의 매출구조 - 신재생에너지 촉진법에 따라 생산된 전력은 전량 전력거래소에서 구매하며, REC의 경우 Take-or-Pay 방식의 계약으로 전량 발전회사에 판매하여 Market Competition이 없음
원료/에너지 공급 감소 위험	Wind, Solar 등의 신재생에너지 감소 대비 보수적인 사업성 평가 Waste, Biomass 공급량 감소 대비 공급구조 - 장기 기후 Data를 기반으로 Worst Case 시나리오를 설정하여 금융구조 및 사업구조 도출함으로써 선제적으로 대응 - 신용도 우량한 Biomass 공급업자와의 장기 원료 공급계약 체결 Waste 처리산업 진입장벽 높음

3.3.4. 비용변동 위험

운영비 초과 위험	低연료 또는 無연료 발전기술 장기 서비스 계약을 통해 비용 변동성 헤지 - 연료전지발전을 제외하고는 발전원가 연료비 위험이 없거나 작음 - 최대 비용항목은 장기유지보수계약에서의 고정가 계약으로 비용통제됨 - 인건비, 보험료, 임대료 등도 물가상승률 수준에서 통제됨

본 사업 관련 체계적 위험은 투자 전 사전검토를 통해 제반 위험이 상대적으로 작은 사업지를 선정함으로써 원천적으로 차단되었으며 Market 리스크는 전반적으로 적절한 장기계약을 체결하여 가격, 매출액 및 비용 변동성을 통제함으로써 관리하고 있다.

3.4. 본 사업의 시사점

3.4.1. 지자체 출자 및 주민주도 기후금융사업

본 사업은 국내 재생에너지 발전시장에서 지자체(강원도)가 최대 출자자로서 사업 추진에 주도적인 역할을 한 흔치 않은 사업이다. 이에 더해, 민원해결비의 재투자 형식으로 지역 주민이 사업시행법인 총지분의 10%를 투자하고 20년의 사업기간 동안 배당을 받는 것으로 설계하여 모범적인 민관협력사업 형태를 취하고 있다. 본 사업은 신재생에너지 사업 추진 시 빈발하는 주민 민원문제를 민관이 공동으로 위험을 부담함과 동시에 해택도 공유함으로써 해결했다는 점에서 향후 유사 사업 시행에 유용한 시사점을 제공하고 있다.

본 사업 대비 한 단계 더 발전된 사업으로서 '신안 비금 태양광 발전사업'을 들 수 있다. 이 사업은 포스트 코로나 위기 극복을 위한 주민주도형 그린뉴딜 공동사업으로서 업무협약은 전라남도, 신안군, 비금주민협동조합, 한국 수력원자력 간에 체결되었다(2020. 6. 26). 200MW급 태양광 발전사업으로서 비금주민협동조합 40%, 한국수력 원자력 29.9%, 호반산업 15.1%, LS일렉트릭 12%, 해동건설 3% 등이 출자했다. 특히, 염전주민으로 구성된 비금주민협동조합이 최대 지분을 출자하는 국내 최초의 주민주도형 대규모 태양광 사업이다.

전남도는 2020년 3월 신재생에너지 사업에 도민들이 참여하고 이익을 공유할 수 있는 '전남도 신재생에너지산업 육성 및 도민 참여 등에 관한 조례'를 전국 최초로 제정해 발전소 주변 주민들이 발전소득에 대한 이익을 공유할 수 있는 기반을 마련한 바 있다. 이 사업의 참여주민에게는 토지 임대료로 22년간 462억원의 수익과 함께 40% 지분투자의 배당금으로 20년간 470억원이 돌아갈 것으로 예상되며, 비금면 전체 주민들에게도 1인당 연간 76만원의 수익이 공유될 것으로 기대된다.

신안군은 이 사업 외에도 '블루 이코노미' 핵심 전략사업이자 전남형 상생 일자리 선도 모델인 8.2GW 초대 해상풍력 발전단지 조성사업에 오는 2030년까지 민간투자 45조 4000억원을 투입할 계획이며 이를 통해 40개 기업 유치와 함께 직·간접 일자리 11만 8000개가 창출될 것으로 기대하고 있다. 전라남도도 정부의 '재생에너지 3020' 정책의 일환으로 오는 2030년까지 도민발전소 5GW를 조성할 계획으로 신재생에너지 발전에 도민 참여를 확대할 방침이다.

4. 연료전지사업 – 노을 연료전지

4.1. 사업 개요

2012년부터 "신재생에너지공급의무화제도(RPS)"가 시작됨에 따라 발전사업자에 신재생에너지를 이용한 공급 의무량이 부과되었으며, 공급의무자에 해당하는 한국수력원자력(한수원)은 의무이행을 위한 신재생에너지 설비 확보가 필요했다. 당시 서울시에서는 "에너지 자립 종합대책 – 에너지 절약, 에너지 효율향상, 신재생에너지 생산확대 등"의 후속조치 시행의 일환으로 2014년까지 수소연료전지 발전시설 230MW 설치를 계획하고 있었다. 이에 국내 최대 발전회사 및 RPS 공급의무자인 한수원은 서울시와 2012년 9월 MOU를 체결하여 서울 시내에 연료전지 발전사업을 추진하게 되었다.

당시 MOU의 주 내용은 약 160MW(연료전지 120MW, 태양광 30MW, 소수력 10MW)을 우선적으로 개발하고 단계별로 확대·시행한다는 것이었으며 기타 세부

MOU 내용은 다음과 같다.

1) 서울시는 부지·시설물의 사용 및 인허가 취득을 위해 최대한의 행정적 지원을 제공하고, 각종 민원사항 해결을 위해 적극 협력함
2) 한수원은 신재생에너지 개발사업을 주도적으로 수행하고, 신재생 에너지산업 및 지역경제 활성화에 기여함
3) 사업추진방법과 발전설비 운영 등 세부사항은 상호 별도 협의함
4) 서울시 신재생에너지 보급 및 에너지복지를 목적으로 하는 단체 또는 재단에 한수원은 사업수익 일부를 출연할 수 있음

본 사업은 난지 쓰레기 매립지를 공원으로 만든 상암동의 노을공원 내에 수소를 활용한 신에너지 연료전지 발전사업으로서 기본개요는 다음과 같다.

- 사업명: 서울 연료전지 발전시설 건설(노을 연료전지 발전사업)
- 사업 위치: 서울시 마포구 상암동 482-6 (6,300 제곱 미터)
- 설비 규모: 22.4MW
- 시행방법: 지분출자를 통한 특수목적법인(SPC) 설립
- 운영 기간: 발전시설 준공 후 20년간

노을연료전지 발전소는 연간 4만 5,000 가구가 사용할 수 있는 전기와 연간 약 9,000세대가 사용하는 열을 친환경방식으로 생산·판매 하고 있다. 2018년 기준으로 노을연료전지에서 생산된 전기는 마포구 주택용 사용전력 총 593GWh의 28% 수준인 165GWh에 달했다.

표 4-15 노을연료전지 발전소 전기/열 생산량

※ 노을연료전지 발전소 전기 생산량

구분	계	2017년	2018년	2019년
발전량(GWh)	489	168	165	156

※ 노을연료전지 발전소 전기 생산량

구분	계	2017년	2018년	2019년
발전량(GWh)	282,926	83,472	97,916	101,538

자료: 사업설명서.

본 사업의 참여자는 한수원, 서울시, 한국지역난방공사(한난), 서울 도시가스, 포스코에너지 등이며 참여자별 역할은 다음과 같다.

- 한수원: 사업관리(사업준비, 건설 등) 주관, REC 확보
- 서울시: 부지제공, 발전사업 인허가 관련 행정지원
- 한난: 발전사업 발생열 수용, REC 확보
- 서울도시가스: 연료공급
- 포스코에너지: 설계, 기자재공급, 설치 등 일괄사업수행, O&M 기술 전수

4.2. 사업 구조

본 사업은 SPC인 "노을연료전지발전㈜"가 사업주체로서 사업구조는 다음의 〈그림 4-11〉에 나타나 있는 바와 같다. SPC에 출자하는 주주 및 지분율은 한수원 29%, 한난 10%, 서울 도시가스 10%, 포스코 에너지(EPC 사업자) 15%이다. 서울시는 부지를 임대하며 금융회사의 프로젝트 파이낸싱을 통해 소요자금을 조달하는 구조이다.

연료전지 설치를 위한 기자재는 EPC 사업자를 통해 공급되며, 서울도시가스를 통해 연료인 LNG를 공급받게 된다. 발전사업을 통해 생성된 전기는 SMP 가격으로 한전에 판매되며, 판매량에 따라 신재생 에너지센터로부터 REC를 발급받게 된다. 발급받은 REC는 한수원과 한난이 구매하며, REC 배분비율은 출자 지분에 따

라 배분한다. 발전을 통해 생성된 열은 한국지역난방공사에 판매한다.

본 사업의 EPC 사업자는 공모에 의해 선정되었다. 이는 사업의 공정성과 투명성을 제고하고, 주기기 제작사의 경쟁을 유도하여 사업 성을 향상시키고 사업구도를 조기에 확정하기 위해서였다.

그림 4-11 본 사업의 사업구조

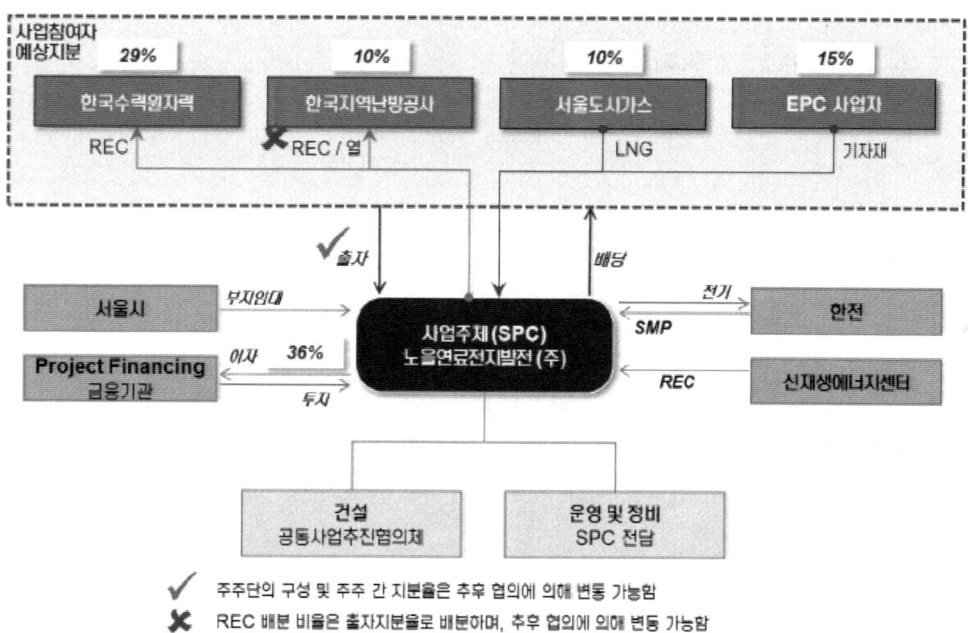

자료: 사업설명서.

본 사업의 자기자본비율은 30%로서 자금조달구조는 다음 〈표 4-16〉과 같다. 참고로 본 사업의 유사사례인 "경기연료전지"의 경우 약23%의 자기자본비율로 사업이 추진된 바 있다.

Ⅳ. 기후금융 자금조달 사례연구 및 시사점

표 4-16 본 사업의 자금조달구조

(단위: 백만원)

투자비	금액	비중	재원조달	금액	비중
EPC	107,038	99.9%	자기자본	32,158	30.0%
신주발행비	155	0.1%	타인자본	75,035	70.0%
합계	107,193	100.0%	합계	107,193	100.0%

자료: 사업설명서.

4.3. 노을연료전지 시민펀드

본 사업 자금조달 상 특기할 점은 서울시가 시민이 참여할 수 있도록 사업주체인 노을그린에너지㈜와 협의해 사업비 중 일부인 114억원을 일반시민이 투자한 펀드로 조달했다는 것이다. 이전의 연료전지 발전 사업은 투자비 대부분을 기관투자자들로부터 조달하였다.

그러나, 본 사업은 신재생에너지 시민펀드인 '칸서스 노을연료전지 특별자산 투자신탁 1호'를 KEB하나은행 전국지점을 통해 판매해서 사업비 일부를 조달한 것이다. 1인당 투자 가능 금액은 100만원 이상 1000만원 이하로 정해서 보다 많은 시민의 참여를 유도했다.

동 펀드는 칸서스자산운용(주)이 운용을 맡았으며 총사업비 1219억원 중 기관투자자가 1105억원, 시민참여로 114억원이 조성되었다. 사업 시행법인인 노을그린에너지(주)의 신용을 보강하기 위해서 만약 동사가 펀드에 대해 원리금 상환을 이행하지 않을 경우 일정 조건 하에 농협은행(주)에서 펀드의 대출채권을 매입하도록 해서 펀드의 안정성을 제고하고 있다.

본 펀드는 3년 만기 시점인 2020년 3월 펀드 참여시민 총 1,195명에게 투자원금 114억원과 연이율 3.9%의 수익금 전액 상환을 완료했다. 본 펀드의 성공적 운용으로 연료전지 사업에 대한 시민의 적극적 관심을 유도했고 창출된 이익을 공유함으로써 저금리 상황에서 서민의 안정적 투자수단 역할을 했다는 점을 주목할 만하다. 본 시민참여펀드는 방법론 등 다양한 관점에서 향후의 국내 기후금융 사업 자금조달에 여러 시사점을 제공하고 있다.

서울시는 본 펀드의 성공을 기반으로 2021~22년 다음의 사업들에도 시민펀드를 통한 자금조달을 계획하고 있다.

표 4-17 서울시 시민펀드를 통한 자금조달 계획 (2021~22년)

사업명	사업자	용량	총사업비	펀딩금액	발매예정일
서남연료전지	두산건설	30.8MW	1,800억 원	250억 원	2021년
암사연료전지	SK건설	19.8MW	1,200억 원	200억 원	2022년

자료: 사업설명서.

4.4. 연료전지 사업 일반

에너지원 고갈 및 온실가스 감축규제 강화 등과 같은 최근의 환경변화 하에, 각광받고 있는 신재생에너지원 중의 하나인 연료 전지는 다음과 같은 원리에 의해 작동한다. 즉, 연료전지는 물을 전기 분해하면 전극에서 수소와 산소가 발생하는 원리를 역으로 이용하여 수소와 산소의 화학반응을 통해 전기를 생성해내는 발전장치라고 할 수 있다.

이러한 연료전지는 기존의 발전방식과 다른 다음과 같은 특징을 가지고 있다.

(1) 고효율

전기에너지를 얻는 과정에서 에너지손실이 큰 기존의 발전방식과 달리 연료전지의 전기발전 효율은 운전장치를 사용하는 전력과 열손실을 고려하더라도 30~60% 이상이며, 열병합발전까지 고려하면 80% 이상의 높은 효율을 달성할 수 있다. 연료전지는 또한 출력규모에 상관없이 일정하게 높은 효율을 얻을 수 있다는 장점도 있다.

(2) 무공해 에너지원

연료전지는 산소와 수소의 화학반응을 통해 전력을 생성하는 발전장치이므로 화력발전이나 디젤발전에서와 같이 연소과정이 없으며, 발생하는 것은 전력과 열 그리고 물뿐이며 이외의 부산물이 없다. 또한 연료전지는 전기화학 반응이라는 점에서 폭발현상이 없어 소음도 거의 발생하지 않는다. NOx, SOx 등의 유해가스 배출이 거의 없으며, CO_2 발생량에 있어서도 미분탄 화력발전에 비하여 20~40% 감축을 기대할 수 있다. 현재는 천연가스, 메탄올, 석탄가스 등의 화석연료로부터 수소를 얻고 있어 완벽한 무공해 에너지원이라고 할 수는 없으나, 앞으로 태양광이나 풍력과 같은 대체에너지를 통해 수소를 얻게 되면 완벽한 무공해 에너지원이 될 것으로 전망된다.

(3) 다양한 연료의 사용과 넓은 응용분야

연료전지에 사용되는 수소를 얻기 위해서는 천연가스, 메탄올, 석탄가스 등 다양한 연료를 사용할 수 있다. 또한 연료전지는 자동차, 선박, 항공기 등의 수송부문과 발전소 등의 전력부문, 그리고 휴대용 가전제품 등의 에너지공급원으로서 다양한 응용분야에 활용이 가능하다.

(4) 좁은 입지면적

일반적으로 연료전지는 출력규모에 상관없이 일정하게 높은 효율을 얻을 수 있어 소형으로도 높은 효율을 올릴 수 있다. 또한 연료전지를 이용하여 발전 시 공해를 유발하는 요인이 많지 않아 주민들의 반발이 적고, 지속적인 냉각수의 공급이 불필요하기 때문에 도심부근에도 건설할 수 있는 등 부지선정 면에서도 유리하다.

연료전지는 위와 같은 여러 장점을 가지고 있지만 보완해야 할 점도 있다. 우선 연료전지의 연료인 수소는 연소가 잘 되기 때문에 안전에 많은 주의를 요한다. 친환경 에너지원으로 기대되는 연료전지가 현재는 화석연료에서 수소를 생성하므로 앞으로는 화석연료가 아닌 다른 친환경 대체 에너지를 통해 연료전지를 작동할 필요가 있다. 연료전지는 또한 정부의 보조금 지원에도 불구하고 워낙 고도의 기술과 고가의 재료를 사용하므로 상대적으로 경제성이 떨어지는 것이 사실이다.

4.5. 국내 연료전지 시장현황

국내 연료전지 시장은 아직 시장이 형성되는 초기 단계이며 정부의 지원을 통해 성장하고 있는 상황이다. 2012년부터 신재생에너지 공급의무화제도(RPS)가 시행되어 주요 발전사업자들이 총발전량 중 일정 부분을 신재생에너지로 생산해야 할 의무가 발생함에 따라 발전용 연료전지가 시장을 주도하고 있다.

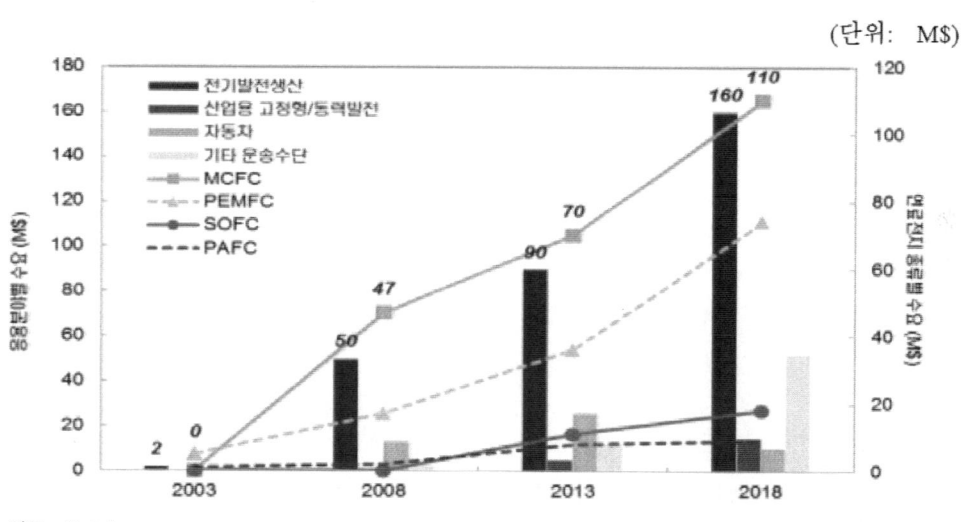

그림 4-12 국내 연료전지 시장규모

자료: Deloitte.

4.6. 국내 지원정책 및 제도

국내에서 신재생에너지를 지원하는 주요 제도는 주택지원사업, 건물지원사업, 지역지원사업, 공공기관 신재생에너지설비 설치의무화 사업, 융자 및 세제지원, 설비 인증 및 표준화 등이 있다. 특수목적법인을 설립하여 발전용 연료전지를 설치하는 본 사업의 경우, RPS 제도와 융자 및 세제지원 두 가지가 적용 가능하다. 주요 지원제도에 대한 개요와 연료전지의 적용여부 및 본 연료전지사업의 적용 가능성은 다음의 〈표 4-18〉와 같다.

표 4-18 국내 신재생에너지 지원제도 및 연료전지 적용가능성

제도	제도의 개요	연료전지 적용여부	본 사업 적용여부
RPS	일정규모이상의 발전사업자에게 총 발전량 중 일정량 이상을 신재생에너지를 통해 발전한 전력으로 공급하도록 의무화하는 제도	○	○
주택지원 사업	신재생에너지주택(Green Home)을 2020년까지 100만호 보급하는 것을 목표로, 신재생에너지 지원을 주택에 설치할 경우 설치비의 일부를 정부가 보조·지원하는 사업	○	× (자가용 시설을 대상으로 함)
건물지원 사업	개발된 신재생에너지기술의 상용화와, 상용화된 기술의 육성 및 시장확대를 위해서 신재생에너지 설비에 대하여 설치비의 일정부분을 정부에서 지원하는 사업	○	× (자가용 시설을 대상으로 함)
지역지원 사업	지역특성에 맞는 환경친화적 신재생에너지 보급을 통해 에너지 수급여건의 개선 및 지역경제 발전을 도모하고자 지방자치단체에서 추진하는 제반 사업을 지원하는 사업	○	× (지방자치단체를 대상으로 함)
공공기관 설치의무화사업	공공기관이 신축하는 연면적 1,000㎡이상의 건축물에 대하여 예상에너지사용량의 10%이상을 신재생에너지로 공급하도록 의무화하는제도	○	× (공공기관을 대상으로 함)
융자 및 세제지원	신재생에너지를 설치하고 이용하기를 원하는 소비자와 설비를 생산하는 제조업자를 대상으로 장기저리의 금융지원을 통해 초기 투자비를 줄이고 경제성을 확보하여 관련 산업을 육성하는 제도	○	

자료: Deloitte, 사업설명서.

연료전지를 포함하는 신재생에너지 사업에 대한 융자 및 세제 지원은 다음과 같다.

(1) 융자 지원

신재생에너지를 이용하는 소비자와 생산자를 대상으로 장기저리의 금융지원을

통해 초기 투자비를 줄이고 경제성을 확보하기 위한 제도로, 발전설비에 대한 지원과 발전시설을 제외한 설비 및 신재생에너지 제품생산에 대한 지원으로 구분된다. 신재생에너지 사업에 대한 융자지원 체계는 아래의 〈그림 4-13〉과 같다.

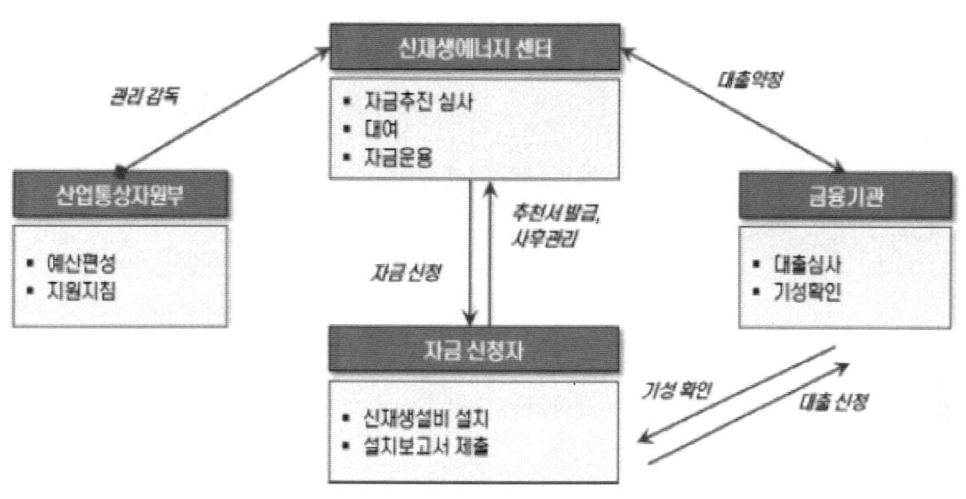

그림 4-13 신재생에너지 사업 융자지원 체계

자료: Deloitte, 사업설명서.

(2) 세제 지원

에너지 절약을 통해 기업 경쟁력을 강화시키기 위하여 법인이나 개인이 법에서 규정한 에너지 절약시설에 투자한 경우, 조세 특례제한법 제25조의2 (에너지절약시설 투자에 대한 세액공제)에 따라 투자금액의 일정비율을 세액에서 공제해 준다. 지원대상 시설은 기획재정부령이 정하는 "에너지절약 시설"(조세특례제한법시행규칙 제13조의2)에 해당하는 시설이며, 이는 1) 에너지이용합리화 시설, 2) 신재생에너지 보급시설, 3) 그 밖의 시설로 구분된다.

연료전지 사업의 경우, 두 번째 항목인 신재생에너지 보급시설에 포함되며 에너지 절약시설에 해당하므로 세제지원이 가능이다. 지원내용은 내국인이 지정된 에너지 절약시설에 투자하는 경우, 투자금액의 10%에 상당하는 금액을 소득세 또는 법인세에서 공제 하며 본 사업에도 상기한 세제 혜택이 적용된다.

4.7. 경제성 분석

본 연료전지 사업의 경제성 분석에 영향을 미치는 주요 변수간의 연계성은 다음의 〈그림 4-14〉에 나타나 있다.

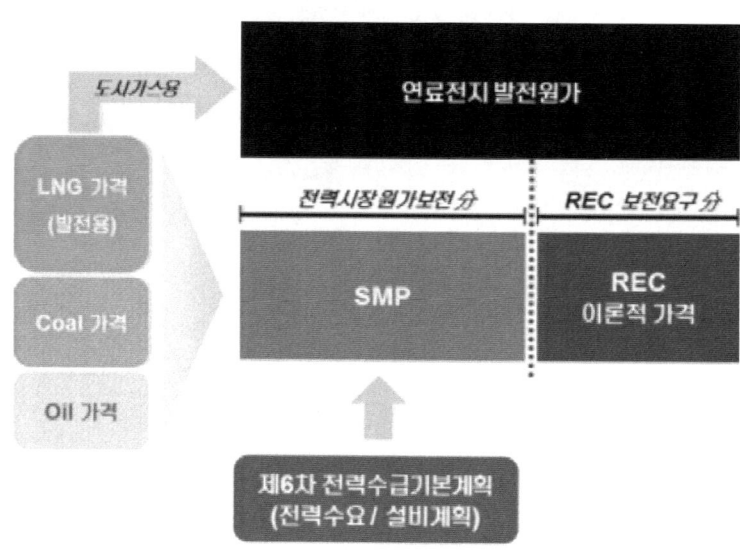

그림 4-14 본 사업 경제성에 영향을 미치는 주요 변수 간 연계성

자료: Deloitte, 사업설명서.

〈그림 4-14〉에서 볼 수 있듯이, LNG 가격, SMP 및 REC 가격은 상호연계성을 가지고 있다. 구체적으로 LNG 가격의 변동은 SMP와 REC 가격에 영향을 미치고, LNG 가격이 고정되어 있을 경우에도 SMP가 변동하면 REC 가격이 변동하는 것을 알 수 있다.

상기한 변수 간 연계성 하에서 본 사업의 경제성을 연료전지 유형별로 살펴보면 〈표 4-19〉과 같다.

표 4-19 연료전지 유형별 본 사업의 경제성 분석 결과[21]

수익성 지표	세전/세후	MCFC	PAFC
IRR	Pre-tax	7.00%	1.19%
	After-tax	6.35%	1.09%
B/C Ratio	Pre-tax	1.11	1.03
	After-tax	1.10	1.03
회수기간(년)	Pre-tax	10.9	16.2
	After-tax	11.4	16.4

자료: Deloitte, 사업설명서.

상기한 경제성 분석 결과를 보면, PAFC의 IRR이 MCFC 보다 낮게 산출되어 있다. 이는 기술적으로 PAFC가 MCFC에 비하여 LNG 사용량이 더 많고 투자비도 높은 특성을 지니고 있는 것이 주된 원인이다. 또한 PAFC의 열생산 효율이 MCFC 보다 높음에도 불구하고 외부판매가 가능한 고온열의 생산능력은 MCFC 보다 7% 정도 높은 것에 불과하며 추가 생산되는 열은 저온열로서 운영수익 창출에 도움 되지 못 하는 것에 기인한다.

4.8. 위험 분석 및 관리

본 사업의 주요 위험 및 관리방안은 다음과 같다.

4.8.1. EPC 계약방식 및 보증위험

연료전지는 주요부품인 stack을 주기적으로(MCFC: 5년, PAFC: 10년) 교체해야 하는 등 지속적인 기술적 사후관리가 중요하다. MCFC의 경우 EPC 업체인 포스코에너지가 자체생산한 주기기를 보증하고 LTSA도 직접 제공한다. PAFC의 경우 EPC 업체인 에버랜드가 주기기를 보증하긴 하지만, 주기기가 생산업체인 CEP(Clear Edge Power)로부터 조달된 것이고, LTSA는 EPC업체가 아닌 제조사

---

[21] PAFC(Phorspourusic Acid Fuel Cell, 인산염 연료전지), MCFC(Molten Carbon Fuel Cell, 용융 탄산염 연료전지)

의 한국현지법인인 Clear Edge Power International Services Korea가 하는 등 책임관계가 불명확하기 때문에 MCFC 보다 위험이 높다. 이 문제는 보증계약 체결 시 책임관계를 명확히 하여 발생가능한 위험에 대응하는 것으로 관리 가능하다.

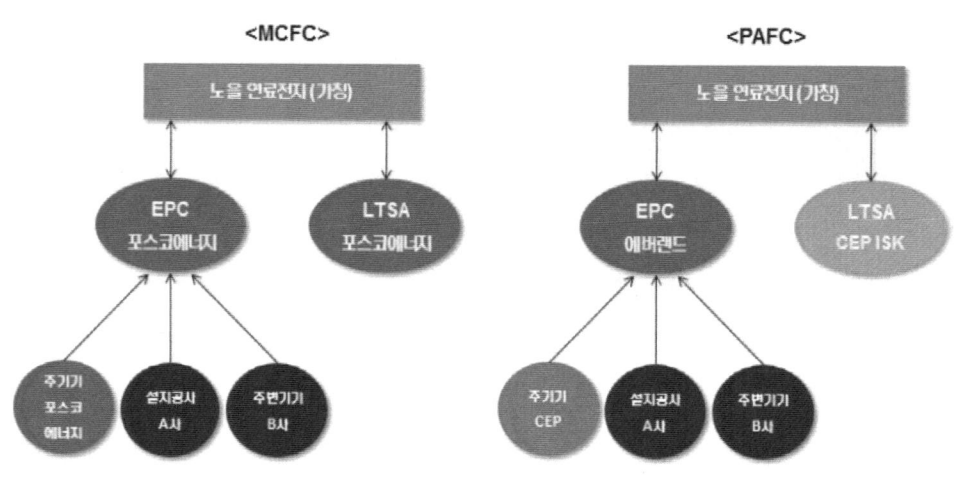

그림 4-15 EPC 계약방식과 위험관리

자료: Deloitte, 사업설명서.

4.8.2. LNG 가격상승위험

연료전지사업의 주된 원가를 구성하는 LNG 가격이 상승할 경우 사업의 수익성이 저하될 위험이 있다. 연료전지사업은 신재생에너지로 분류되어 전력판매시점의 SMP로 정산받게 되는데, LNG 가격의 SMP 반영비율이 약 90% 이상이다. 향후 현재수준의 LNG SMP 반영비율이 유지된다면 LNG 가격의 상승을 SMP로 상당부분 보전받게 되어 원가상승으로 인한 수익성 저하가 제한될 수 있다. 그러나 신재생에너지 보급확대 등으로 인하여 향후 SMP의 LNG 반영비율이 하락한다면 LNG 가격상승으로 인한 원가상승을 보전받기 어려워 이에 대한 헤지방안이 필요하다.

4.8.3. SMP 변동위험

연료전지사업의 전력판매수익을 결정하는 가장 중요한 변수 중의 하나가 SMP 가격이다. 전력예비율 감소로 SMP가 증가하면 본 사업의 매출이 늘어나고 반대의 경우 매출이 줄어들게 되므로 수요처와의 협상을 통해 장기적인 구매보증계약(Take or Pay Contract)을 체결하여 이 위험을 헤지하는 것이 필요하다.

4.8.4. REC 관련위험

연료전지사업 매출에서 가장 큰 비중을 차지하는 REC 수익 또한 변동위험에 노출되어 있다. 본 사업의 SPC는 정부의 REC 정산 기준가격으로 판매하도록 되어 있다. 이 때 미보전 발전원가 수준으로 결정되는 REC 요구가격으로 판매 시 정부정책 및 시장의 불안정성에 따른 위험이 발생 가능하다. REC 가격 또한 당시의 SMP에 연동되는 등 본 사업에 복합적인 영향을 미칠 수 있다.

4.8.5. 열판매 관련위험

연료전지사업 매출의 일부분을 구성하는 열은 한국지역난방공사에서 수용하기로 되어 있다. 이 때 생산열에 대하여 적정한 가격(수열가격)과 공급율(수열율) 수준으로 한난과 매각조건이 협의되어야 하며, 그렇지 못할 경우 전체 수익의 변동에 노출될 가능성이 있다. 이 위험 역시 한난과 SPC 간의 장기적인 구매보증계약으로 해결하는 것이 바람직하다.

4.9. 본 사업의 시사점

4.9.1. 상대적으로 높은 자기자본 비율

본 사업의 자기자본비율은 30%로서 전술한 여타 기후금융 투자 사업들의 7-20%에 비해 전체 사업비에서 자기자본이 차지하는 비중이 상대적으로 높음을 알 수 있다. 이는 여타 사업에 비해 연료전지 발전사업의 위험이 상대적으로 높아 재무적 투자자들이 사업주에 더 많은 출자를 요구한 결과로 판단된다. 그만큼 국내에서 연료전지 발전사업은 여타 신재생에너지 사업에 비해 고위험 사업으로 평가받고 있는 것을 알 수 있다.

4.9.2. 시민펀드를 활용한 자금조달

전술한 바와 같이, 본 사업은 총사업비 1219억원 중 기관투자자가 1105 억원, 시민참여로 114억원이 조성되었다. 시민의 자발적 참여를 통한 자금조달로 본 사업에 대한 지역 주민의 관심 제고와 함께 고착화된 저금리 시대에서 서민의 새로운 투자대안 개발이라는 두 마리 토끼를 잡았다고 할 수 있다.

본 펀드는 3년 만기 시점인 2020년 3월 펀드 참여시민 총 1,195 명 에게 투자원금 114억원과 연이율 3.9%의 수익금 전액 상환을 완료함으로써 국내 기후금융 투자사업의 새로운 자금조달 모델을 제시 했다. 본 펀드의 성공적 운용을 위해 활용된 다양한 위험관리 및 신용보강 방안을 향후의 국내 기후금융 투자사업 자금조달에도 적극 활용할 필요가 있다.

5. 국내 기후금융 사례연구의 종합적 분석 및 시사점

전술한 바와 같이 본 장에서는 풍력, 태양광, 연료전지사업 등 국내에서 시행된 다양한 기후금융 투자사례를 자금조달에 초점을 맞추어 비교/분석했다. 이러한 사례연구 결과를 종합하고 향후에 시행될 국내 기후금융 투자사업에 유용하게 적용될 수 있는 몇 가지 시사점을 도출하면 다음과 같다.

5.1. 합리적인 PF 관행의 정착

우선 2010년대 초반부터 본격화된 국내 기후금융 투자사업에서의 PF를 통한 자금조달은 어느 정도 정착되었다고 평가된다. 초반에는 한전 자회사나 신재생에너지 개발업체의 PF 경험 부족과 일부 재무적 투자자들의 횡포로 인해, 무늬만 PF고 실제는 완전소구(full recourse)에 가까운 비정상적인 금융구조가 다수 나타나기도 했다. 그러나, 본 장의 다양한 사례연구를 통해, 최근에는 사업주와 재무적 투자자들이 사업위험을 합리적으로 공유하는 제한적 소구((limited recourse)에 근거한 PF가 국내 기후금융시장에 자리잡았음을 알 수 있었다. 즉, 공기업(한전의 발전

자회사)이 제공하는 장기구매계약, 공급사의 유지보수 및 가동률 보장, EPC사의 완공보증 등의 위험 관리방안, 신재생에너지 발전원의 안정적 미래현금흐름, 주민 혹은 지자체의 사업참여 등이 대상사례의 공통분모로 나타났는데, 이러한 조합을 바탕으로 국내 기후금융사업에 전형적인 PF 금융구조가 형성되고 있었다.

5.2. 중소기업 위주의 사업참여

대상사례에서 공통적으로 한전의 발전자회사를 제외한 대부분의 사업참여사들은 중소기업이고 대기업은 찾아볼 수 없다는 점도 국내 기후금융사업의 특징으로 지적할 수 있다. PF에 참여하는 재무적 투자자도 대부분 사모신탁 형태의 소규모 펀드로서 공모펀드나 금융회사 차원의 대규모 투자는 찾아볼 수 없었다. 이는 우리나라 기후금융 시장의 일천한 연혁과 작은 시장규모를 보여주는 특징으로서 정부가 희망하는 친환경 신재생에너지가 주도하는 그린뉴딜의 달성이 만만치 않은 과제임을 보여 준다.

5.3. 상대적으로 낮은 자본비용에 기반한 자금조달

대상사례들의 타인자본 조달비용은 연 3.9-5%로서 최근의 저금리 상황을 고려하더라도 비교적 저렴한 수준이다. 이렇게 낮은 금리는 주로 고착화된 저금리 기조 및 시중 여유자금의 초과공급 상황에 기인한 것이다. 2020년 말 현재 시장금리는 대상사례의 자금조달 당시에 비해 더 하락한 상황이므로 지금 유사한 유형의 신재생에너지 사업을 추진한다면 상기한 금리 이하로도 자금조달이 가능할 것이다.

2019년 말 기준 국내 부동자금 규모는 1200조원에 달했고 2020년 코로나19 팬데믹 상황에서 훨씬 더 많은 유동성이 시중에 공급된 것이 사실이다. 이에 더해, 2020년 9월 20조원의 '한국형 뉴딜 정책 펀드'를 조성하는 등 정부의 '그린뉴딜'에 대한 강력한 의지를 감안할 때, 향후 국내 기후금융 사업이 본 대상사례 정도의 안정적 현금흐름과 이해 당사자 구조를 갖춘다면 상당히 낮은 비용의 자금 조달이 가능할 것으로 전망된다.

5.4. 민관의 긴밀한 협력이 자금조달 성공의 핵심

전술한 네 사례의 공통점 중의 하나는 해당 지자체 및 주민들과 사업자들 사이에 유기적이고 긴밀한 협력관계가 구축되어 이를 통해 자금조달이 성공적으로 이루어졌다는 점이다. 즉, 지자체나 주민이 SPC에 출자하거나 SPC 발행채권에 투자하거나 주로 지역주민을 대상으로 시민펀드를 발행함으로써, 지자체나 주민이 해당 사업의 수익과 위험을 공유하고 있다.

이를 통해 지자체와 주민이 사업의 직접적 이해관계자가 됨으로써 사업 추진과 관련된 오해나 민원을 최소화하고 사업의 후원자가 될 때, 원활한 자금조달과 궁극적인 사업성공으로 이어질 수 있음을 알 수 있다. 상기한 유기적이고 긴밀한 협력관계는 사업자나 이해 관계자의 노력만으로 구축될 수 없고 정부와 해당 지자체의 사업에 대한 강력한 의지 및 실질적 지원이 필수적이다.

기후금융 - 지속가능한 미래를 여는 열쇠

V. 국내 기후금융 자금조달 효율화 방안

1. 정부 차원
2. 금융권 차원
3. 기업 차원
4. 한국형 뉴딜의 효율적 추진방안

V. 국내 기후금융 자금조달 효율화 방안

본 장에서는 전술한 국내 기후금융시장 현황, 기업들의 자금조달 실태 및 애로점, 기후금융 유형별 사례연구 결과를 바탕으로, 2020년 하반기 현재 국내 기업들의 입장에서 효율적인 기후금융 자금조달을 위한 몇 가지 대안들을 제시하고자 한다. 논점을 명확하게 하기 위해 (1) 정부 차원, (2) 금융권 차원, (3) 기업 차원으로 나누어 대안들을 제시하기로 한다. 특히 2020년 들어 정부가 의욕적으로 추진하고 있는 '한국형 뉴딜 사업'에는 기후금융을 포함한 그린뉴딜이 핵심 과제로 들어 있는데, 이의 효율적 수행 및 자금조달을 위한 구체적 방안들도 제시하고자 한다.

1. 정부 차원

전술한 바와 같이, 기후금융은 크게 공적 기후금융과 민간 기후금융으로 나눌 수 있다. 급격한 기후변화에 따른 신기후체제에 대응하기 위해서는 많은 재원이 필요한데, 이를 공공 기후금융으로 충족하기에는 역부족이기 때문에, 민간 기후금융의 활성화가 중요하며 이를 위한 제도 및 정책의 지원이 필수불가결하다.

기후변화 대응은 기업에 추가적인 비용을 발생시키며 단기적으로 생산을 위축시키지만, 기후변화 감축노력과 관련된 새로운 제품이나 저탄소 기술산업은 관련투자의 확대와 함께 매우 빠르게 성장하고 있다. 따라서 온실가스 감축 노력은 중장기적으로 국민경제의 잠재 성장률 상승을 견인할 수 있으며 우리나라가 21세기 저탄소 에너지 산업혁명에서 세계를 선도할 수 있는 기회를 제공한다고 할 수 있다.

이 기회의 핵심은 저탄소 기술개발인데 이에 대한 범정부 차원의 지원이 필요하며, 기업 입장에서도 기후·환경 리스크에 대한 소극적 대응이 아닌 적극적 투자가 중요한다. 구체적으로 기후금융의 마중물 역할을 수행할 공공부문의 지원과 이를 대대적으로 확산시킬 민간부문 의 금융·투자가 병행되어야 한다. 요컨대, 기후금융 및 투자는 기후변화 위기로 발생하는 전환위험 및 물리적 위험을 최소화하고 우리나라의 저탄소경제로의 이행을 위한 핵심요소인 것이다.

1.1. 기후금융 관련정책 현황

현 정부는 2017년 고리1호기 원전의 영구정지를 발표하고 원전 중심 발전정책에서 신재생에너지를 대폭 확대하는 '에너지 믹스 전환'을 핵심정책으로 추진하고 있다. 이러한 정책 방향성은 우리나라의 에너지 수급체계를 에너지 공급의 안정성 확보 보다는 환경 친화적 이고 국민의 수용성을 높이는 쪽으로 전환해 나가겠다는 의도로 판단된다.

상기한 에너지 믹스 전환 정책은 이명박 정부의 녹색 성장을 통한 저탄소 에너지 정책과 신재생에너지 산업의 확대 측면에서 유사한 점이 있다. 전 정부와 현 정부 에너지 정책의 가장 큰 차이점은 이명박 정부가 원자력을 탄소 배출이 없는 에너지원으로 간주해 원전확대 정책을 추진했다는 점에 있다. 즉, 현 정부의 정책은 우리나라 전력수급 체계에서 원자력과 석탄이 기저 부하를 담당하는 것으로 되어 있었던 것에서 벗어나려 한다는 점에서 이전 정부 정책과 가장 큰 차이가 있다고 할 수 있다.

구체적으로, 현 정부는 2030년까지 원전 비중을 9.9%로 낮추고 신재생에너지의 비중을 전체 발전량의 40%로 늘리려 하고 있다. 2020년 발발한 코로나19 팬데믹 상황에도 불구하고 정부의 '그린 뉴딜 정책'은 변함없이 가동되고 있다. 이러한 에너지 믹스 전환 정책의 핵심은 2018년 기준 발전 비중이 23%에 달하는 원자력을 일시에 폐지하는 것이 아니라, 향후 60년에 이르는 장기적 관점에서 설계수명이 완료된 설비들을 순차적으로 폐쇄함으로써 원전 비중을 점진적으로 낮추고 이 자리를 신재생 등 친환경 에너지로 대체하는 것이다.

제9차 전력수급기본계획(2020~2034년)에 따르면, 원전 비중은 2034 년 9.9%로,

석탄발전 비중은 2019년 27.1%에서 2034년 14.9%로 줄어들고 그 대신 2019년 15.1%를 차지하는 신재생에너지는 2034년 40.0%로 급증하게 된다. 이러한 정책에 발맞추어 한전을 비롯한 발전 6사들은 태양광, 풍력 등의 신재생에너지를 통한 발전 확대에 박차를 가하고 있다. 구체적으로, 수상 태양광, 철도·고속도로 태양광, 새만금 신재생 에너지 클러스터 조성사업 및 해외 신재생에너지 사업에도 적극적으로 참여하고 있는 상황이다.

상기한 탈석탄-탈원전-신재생 확대 정책에 대한 지속적 논란에도 불구하고 정부는 이를 일관성 있게 추진하고 있다. 2020년 2월 정부는 '신재생에너지 기술개발 및 이용보급 실행 계획'을 확정·공고했는데, 이에 따르면 신재생에너지에 3년간 11조원을 투자하고 2020년 32개 대규모 프로젝트를 착공하는 등 신재생에너지 확대를 위해 기술개발과 보급에 박차를 가할 계획이다.

2020년에는 신재생에너지 신규설비 2.5GW, 수소차 1만대, 연료전지 180MW 보급과 에너지 전환 분야 세계 최고 수준 기술경쟁력 확보를 목표로 삼았다. 32개 대규모 신재생에너지 프로젝트도 2020년 내 착공하는데, 여기에는 새만금 태양광 등 17개 단지(1640MW)와 한림 해상풍력 등 15개 단지(640MW) 착공, 영암 태양광 등 28개 단지 (1130MW)와 장흥풍력 등 9개 발전단지(220MW) 준공 등이 포함되어 있다.

2020년 들어 정부는 특히 '그린 뉴딜'을 전면에 내세우고 있다. '한국형 뉴딜'의 핵심 축인 그린 뉴딜은 기후변화에 대응해 환경오염을 줄이도록 관리체계를 강화하면서도 녹색산업을 육성해 새로운 일자리를 창출한다는 두 마리 토끼를 쫓겠다는 것이다. 이는 현 정부 초기의 에너지 환경정책이 탈원전과 신재생에너지 육성 등 에너지 믹스의 전환에 초점을 맞췄다면 후반기는 도시, 주택, 산업단지 등 수요 부문 효율성 확대를 조준하고 있음을 보여주는 것이다.

향후에도 정부의 에너지 믹스 전환에 대한 논란은 끊이지 않을 전망이다. 실제로 신재생에너지가 제1의 에너지원으로서 에너지의 안정적 공급이 가능할지에 대해서는 우려가 있는 것이 사실이다. 이는 신재생에너지가 계절과 날씨 변화에 따라 발전량이 크게 달라지고 원전 등과 비교할 때 발전효율도 떨어지기 때문이다. 신재생에너지 산업의 발전이 더디다는 것도 문제이다.

또한 태양광 산업은 중국기업이 규모의 경제를 바탕으로 원가 경쟁력을 확보해 세계 시장을 장악하고 있는 점도 생각해야 한다. 태양광·풍력에 편중된 신재생에너지 산업의 원가 경쟁력, 효율성, 관련 산업의 선순환 등 한계를 극복하는 것도 만만치 않은 과제이다. 그동안 정부가 무리하게 신재생에너지 확대를 밀어 붙이면서 기술력이 부족한 소규모 영세사업자들이 이 분야에 대거 몰렸고 이에 따른 산업 효율성 문제, 무분별한 개발, 졸속·날림 시공 등의 문제도 야기된 것이 사실이다.

1.2. 기후금융관련 제도/정책의 문제점 및 개선방안

1.2.1. 정부의 비합리적 시장 개입

지금까지 우리나라 에너지 산업과 시장은 구조적 비효율성에 시달려 왔는데, 이는 시장 원칙에 맞지 않는 정부의 개입에 많은 부분 기인한 것이다. 대표적인 예로 전력가격결정 메커니즘에 대한 정부 개입으로 인한 에너지 시장의 왜곡과 전력 산업, LNG 도매 부문, 일부 지역난방 사업을 공기업 형태로 유지하고 있는 것을 들 수 있다.

1.2.2. 신재생에너지 관련 정부 내 컨트롤 타워의 부재

신재생에너지 산업 및 기후금융 관련 핵심적인 문제 중의 하나가 이 분야를 총괄하는 컨트롤 타워가 정부 내에 없다는 것이다. 기후변화 대응계획을 수립하는 환경부와 기후변화 대응전략을 이행하는 부처가 상이하여 정책조정 및 집행관리가 따로 놀고 있는 것이 현실이다.

기후변화 대응 총괄부처인 환경부는 타 부처의 온실가스 감축 이행을 위한 기후변화 대응 재정사업 목록 및 사업규모를 파악하지 못하고 있다. 온실가스 감축목표는 환경부가 설정하지만, 산업부문 감축목표는 산업통상자원부, 수송부문과 건물부문 감축목표는 국토교통부가 담당하고 있다. 따라서, 온실가스 감축 이행 실적이 저조하더라도 환경부가 이행을 강제할 수단과 근거가 미비한 실정이다.

신재생에너지 사업의 시행사나 사업주는 환경영향평가(환경부), 건설사업허가(지자체) 등 이질적인 부서에 귀속된 각종 인허가 취득에 많은 어려움을 겪고 있다. 중앙 정부가 에너지 믹스 전환 정책을 추진하고 있지만, 부처 간에도(예를 들어, 산업부와 환경부) 이해관계가 다르고 이견이 좁혀지지 않는 경우가 많다.

이에 반해, 서구권 국가들에서는 특정 정부기관이 신재생에너지 혹은 기후금융 투자사업에서 컨트롤 타워 역할을 하는 경우가 많다. 중앙정부의 컨트롤 타워(예를 들어, 덴마크의 '에너지청')에서 신재생에너지 개발이 가능한 입지를 선정하고 주민을 참여시키고, 인허가 기간을 최소화하는 등 효율적인 사업추진에 필요한 핵심적 역할을 하는 것은 우리나라의 현실과 선명하게 대조된다.

상기한 점에서, 우리나라도 정부 내에 신재생에너지 사업관련 컨트롤 타워의 신설이 절실하다. 신재생에너지 산업 자체가 산업부, 환경부 등 여러 부처와 관련되어 있다는 점에서 이러한 컨트롤 타워는 범부처적인 총리실 직속으로 설치하는 것이 바람직할 것이다. 이를 위한 법령도 신속히 제정/정비되어야 할 것이다.

또 다른 문제로서, 신재생에너지 분야 주무부서인 산업부가 전통적으로 산업 경쟁력 제고 관점에서 화석연료 및 원자력 발전을 선호해 왔다는 점을 들 수 있다. 화력 발전과 원자력 발전의 이해당사자인 관련기업들은 정부와 유착하거나 이익집단을 통한 압력을 가해 우리나라의 신재생에너지 산업 발전과 확대를 통한 에너지 믹스 전환이 이들의 이익과 압력으로부터 독립적이지 못했던 것이 사실이다.

2020년 환경부가 우리나라 정부기관 최초로 TCFD(기후변화 관련 재무정보공개 태스크포스) 지지선언을 했지만 이에 대한 업계의 반응은 미지근하다. 이는 환경부가 기후변화 이슈를 다룰 수는 있어도 TCFD와 같은 기후금융 이슈를 주도하기는 역부족일 것이라는 세간의 평가에 기인한다. 2015년 설립된 TCFD는 G20 재무장관과 중앙 은행장들의 요청으로 금융안정위원회(FSB)가 만든 조직이다. 기업의 재무보고서에 기후변화 리스크를 투명하게 공개하도록 하는 권고안을 2017년 발표했고, 전 세계 1000여 개가 넘는 기관과 영국·프랑스·캐나다 등 7개 정부의 지지를 받았는데, 이번에 환경부가 지지 선언한 것도 이 권고안이다.

환경부의 지지선언도 필요하지만 실제 돈(예산)을 움직일 수 있는 기획재정부나 금융위원회의 선언이 나와 줘야 실질적인 영향력이 생길 수 있다. 환경에 도움이 되는 금융정책이나 제도를 만드는 게 기후금융의 핵심인데, 환경부는 금융정책에 관여하기가 어려워 기후금융 어젠다를 이끌기에는 무리가 있는 것이다.

실제로 해외 주요국에서는 기후변화 대응을 환경부가 아닌 재정당국 이나 금융당국이 주도하고 있다. 대표적인 나라가 영국인데, 영국은 재무부 주도로 강력한 온실가스 감축정책을 펼치고 있다. 2002년부터 영국 재무부는 이산화탄소 배출량에 따라 자동차 보유세를 차등적으로 부과하는 정책을 시행 중인 것이 대표적인 예이다. 탄소를 많이 배출하는 자동차에 세금을 더 매기는 정책인데, 2020년 4월부터는 전기차 보급을 늘리기 위해 탄소를 배출하지 않는 전기차의 세금을 0원으로 책정하고 있다.

최근 기후변화를 환경문제가 아닌 경제·금융 문제로 접근하는 것은 전 세계적인 현상이다. 우리 금융당국이 금융기관의 건전성 평가에 기후 리스크를 반영하는 조치만 취해도 우리나라의 탈석탄금융과 기후금융 활성화에 큰 변화를 이끌어낼 수 있을 것이다.

1.2.3. 신재생에너지 정책의 일관성 및 합리성

신재생에너지 정책의 집행에 있어 제도와 정책들이 일관적으로 지속성 있게 집행되지 못한 점도 이 분야의 발전과 확산을 더디게 만든 요인이다. 예를 들어 정부는 2000년대 초 신재생에너지 개발을 본격적으로 실행하면서 '발전차액지원제도'를 채택했으나, 2008년도 에는 갑자기 2012년부터 발전사업자에게 전력 판매량의 일정 비율을 신재생에너지로 공급할 것을 의무화하는 제도인 의무할당제도로 바꾸어 업계에 상당한 혼란을 야기했다.

정부가 신재생에너지 관련 정책 결정 및 집행 과정에서 다양한 이해 당사자들인 에너지 업계, 시민사회, 학계를 포함한 전문가 및 전력 소비자들인 시민들과 의견을 조율하고 타협하는 과정 없이 중앙집권 적이고 일방적인 태도를 취해 왔다는 점도 신재생에너지 정책의 실패 원인으로 지적된다. 이렇게 일방적으로 결정되고 집행된 정책들은 대부분 폭넓은 지지와 수용성을 이끌어내지 못 해 에너지 전환에 대한 사회적 합의를 이루는데 실패했다.

신재생에너지 발전사업은 일반적으로 설치비용이 크고 운영비용은 상대적으로 낮아 가동률이 높을수록 경제성이 증가한다는 특성이 있다. 그러나, 이러한 시설들은 안전성, 환경에 대한 영향, 부지 선정 등 다양한 민원을 유발하는 것이 불가피하며 이러한 문제와 관련된 사회적 합의를 도출하는 것이 사업진행에 있어 최대의 난제인 경우가 대부분이다. 이러한 사회적 갈등을 조정하고 해결하는 기제가 우리 사회에는 많이 부족한 것이 현실이다.

예를 들어, 태양열에 비해 비용이 많이 들고 규모가 큰 풍력 발전은 자연환경의 훼손, 생태계의 파괴, 소음 문제, 저주파 등의 문제 등으로 인해 발전사업자와 주민들을 포함한 지역사회에 상당한 갈등을 유발 해왔다. 이러한 갈등은 민주주의에서 자연스러운 일이나 중요한 것은 갈등을 조정하고 중재하는 거버넌스 기제의 작동 여부라고 할 수 있다.

따라서, 정부는 신재생에너지 개발을 둘러싼 갈등을 효과적으로 관리 하고 사회적 비용을 최소화하면서 합의를 도출해낼 수 있는 다양한 기제들과 정책, 제도 등을 마련할 필요가 있다. 정부가 적절한 계획 입지제도를 이용해 절차에 따라 해당 지역 주민들의 수용성과 환경적 수용성 등을 사전에 확보하고 개발에 따른 이익을 지역사회 및 지자체 와 공유하기로 하는 등 신재생에너지 개발에 보다 적극적으로 개입하는 것이 요구된다.

2020년 말 현재 우리나라에서 에너지 믹스 전환은 거스를 수 없는 흐름으로 자리 잡았다. 온실가스 감축과 안정적 에너지 공급을 위해서는 화석연료를 줄이는 대신 신재생에너지와 정보통신기술의 적극적 활용이 필요하다는 것에 국민적 공감대도 형성되고 있다. 이런 당위성에도 불구하고 에너지 믹스의 실제 전환은 현실적으로 쉽지 않은 이슈이다. 이 문제는 에너지 산업 및 기술과 관련된 여러 문제 외에도 다양한 이해관계자의 상호작용 속에서 해법을 찾아야 하기 때문이다.

1.2.4. 그린본드 발행 관련 정부지원 필요

선진국에서는 그린본드 등 기후금융 채권에 전문적으로 투자하는 펀드와 재무적 투자자들의 질량 면에서 풍부하여 채권의 발행자가 일반 채권에 비해 조달금리 측면에서 유리한데, 국내에서는 이들의 부재로 그린본드의 금리가 일반 채권과 다르지 않은 수준이다. 발행자의 입장에서 그린본드의 장단점을 요약하면 다음과 같다. 아래에서 볼 수 있듯이, 장점이 단점을 압도한다는 점에서 정부가 기후금융 활성화 차원에서 그린본드 발행을 강력하게 지원할 필요가 있다.

(1) 장점

우선 그린본드는 회사채, 프로젝트채권(project bond), 자산유동화 증권(ABS: asset backed securities), 공기업 채권, 지방채 등 다양한 형태로 발행할 수 있다. 또한 최근 중요성이 제고되고 있는 ESG나 지속가능경영에 대한 발행자의 의지를 확고하게 나타낼 수 있다. 특히 국내외 시장에서의 그린본드 수요 증가 추세를 감안할 때, 발행 물량에 대한 초과수요 및 보다 유리한 발행조건 수혜가 가능하다.[22] 이외에도 발행자가 기존의 일반채권에 추가해 그린본드를 발행하면 시장 위험의 효율적인 분산을 꾀할 수 있다. 그린본드 투자자는 일반채권에 비해 만기까지 'buy and hold' 전략을 취하는 경우가 많아 유통시장에서의 변동성 축소가 가능한 것도 또 다른 이점이라고 할 수 있다.

(2) 단점

신규발행 관련 거래비용(신용평가, 감독당국 승인, 보고, 용도확인 등)이 일반채권에 비해 높다는 점은 그린본드의 단점이라고 할 수 있다.

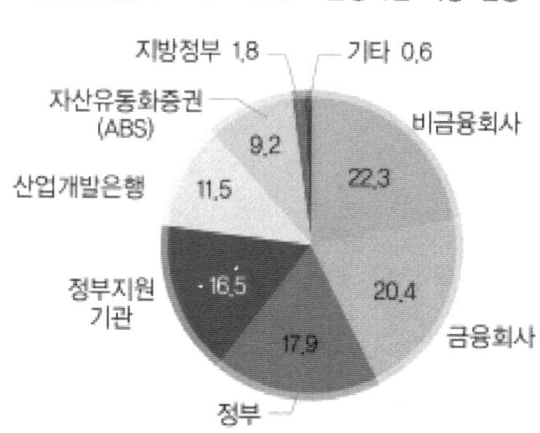

그림 5-1 글로벌 그린본드 발행자별 비중 현황

자료: 한국금융연구원(2019).

---

[22] 2019년 미국의 통신회사인 Verizon Communications가 10억 달러 규모의 그린본드를 발행했는데, 당시 응모금액이 모집금액의 8배에 달하는 호응을 이끌어냈음

특히 우리나라처럼 그린본드 등 기후금융 채권시장 형성 초기에는 시장 활성화를 위한 정부의 직간접적인 지원제도가 필수적이다. 구체적으로, 국내 상황에 적합한 그린본드 발행 기준과 투자 가이드라인 마련, 발행자에 대한 세금혜택과 같은 인센티브 제공, 연기 금·보험사 등 장기 대형 투자기관의 투자 촉진책 등이 필요하다.

그림 5-2 전 세계 그린본드 및 친환경 대출 추이

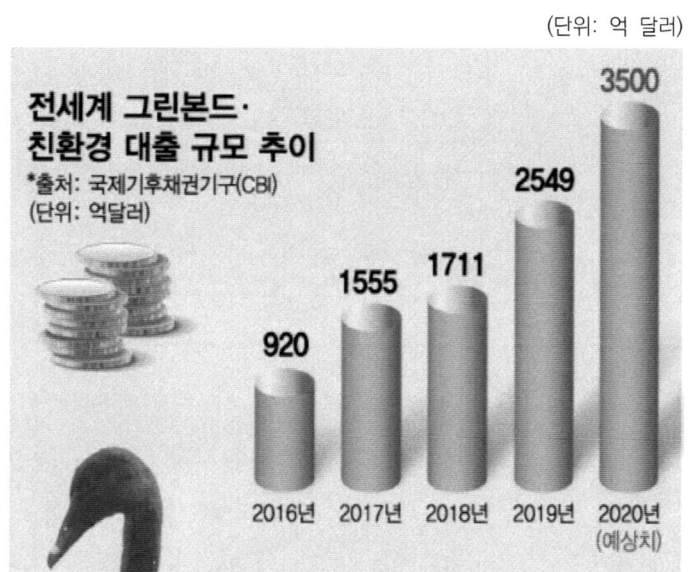

자료: 국제기후채권기구(CBI).

2020년 현재 국내 그린본드 시장은 성장하고 있지만 여전히 걸음마 단계라고 할 수 있다. 이전에는 공기업이 주로 해외에서 발행해 왔으나 최근에는 민간기업과 금융회사들의 국내 발행사례가 늘어나고 있다. 기후금융에 대한 사회적 분위기와 정부의 독려 등으로 그린본드에 대한 국내 기업들의 관심은 크지만 이 시장의 본격 성장을 위해서는 각종 연기금과 일반 투자자 등 자본시장 참여자들의 적극적인 인식 전환도 중요하다.

민간기업 중에선 2016년 현대캐피탈이 최초로 5억 달러 어치를 발행 했다. 이 회사는 그린본드로 조달한 자금을 현대·기아차 친환경 차량 구매 고객에게 카드서비스를 제공하는 데 사용했다. 그린본드로 조달된 자금이 친기후소비 진작을 위한 활동에 쓰이는 셈이다.

그림 5-3 우리나라 기업들의 그린본드 발행 현황

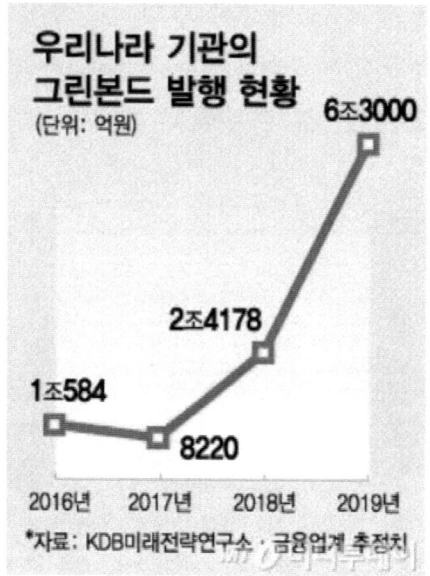

자료: KDB미래전략연구소.

    민간 제조기업들도 최근 그린본드로 눈을 돌리기 시작했다. LG화학은 2018년 전기차 배터리 투자와 관련해 15억6000만 달러(약 1조8300억) 규모의 그린본드를 달러와 유로화로 발행한 바 있는데, 이는 국내 기업이 발행한 최대 규모의 그린본드였다. SK에너지도 매연을 절감할 수 있는 연료를 생산하기 위해 국내에서 3000억원 가량의 그린본드를 발행했는데, 이는 비금융 민간기업으론 사상 처음으로 원화 그린본드를 발행한 것이다. GS칼텍스도 여수공장 친환경 시설을 확충하기 위해 1300억원 규모의 그린본드를 발행했는데, 당초 발행규모를 1000억원으로 예정했으나 투자자가 몰리면서 300억원을 추가 조달할 정도로 시장의 반응이 뜨거웠다.

    그린본드에 비해 사용 목적을 더 넓힌 ESG(환경·사회·지배구조) 채권시장도 움트고 있다. 포스코는 2018년 글로벌 철강회사 가운데 처음으로 5억 달러(5880억원) 규모의 ESG채권을 발행했는데, 이 자금은 전기차 배터리 소재 관련 신사업과 신재생 에너지 분야에 투자용도로 조달되었다.

    우리나라 자본시장의 중심인 한국거래소도 그린본드 거래시장 조성에 나섰다. 구체적으로, 그린본드, 소셜본드, 지속가능채권 등의 투자 활성화를 위해 거래소 홈페이지에 관련 정보를 종합적으로 제공하는 전용 섹션을 만들어 이들 채권이 그

린본드 임을 명확히 표시하고, 조달 자금의 용도와 사회책임투자 원칙, 외부평가 보고서 등 관련 공시 자료를 게시하기로 했다.

이렇게 그린본드 시장은 커지고 있지만 국내 투자자들의 인식과 이해도는 여전히 낮은 편이다. 그린본드를 발행하려는 국내 기업들도 해외 투자자들이 이에 대한 이해도가 높다 보니 국내 보다는 해외 시장에서 발행하는 경우가 대다수이다. 국내에서 그린본드가 정상적으로 발행되었지만 예상보다 금리를 우대받지 못한 기업들도 많다.

이 문제의 해결을 위해서는, 국민연금 등의 대형 투자자들이 해외 연기금들처럼 투자자금의 일정 규모 이상을 그린본드 등 ESG 채권에 투자한다고 공언하는 적극적 조치가 필요하며 정부도 그린본드 시장의 유동성을 제고하기 위해 그린본드 투자 원칙의 준수 정도를 평가하는 공통의 평가지표를 수립할 필요가 있다.

1.2.5. 그린워싱의 방지

최근 세계 각국은 코로나19 팬데믹으로 금융시장의 변동성이 확대된 가운데, 그린본드를 위시한 ESG 채권시장이 안정적인 투자처로 떠오르고 있다. 비재무적 위험을 관리하고 지속가능성장의 가치를 중시해 온 ESG 투자가 코로나 팬데믹 이후 상대적으로 양호한 수익률을 기록하면서 국내외 투자자들로부터 많은 관심을 받고 있는 것이다.

하지만 한편에서는 그린본드 투자의 재무적 성과, 그린본드 평가체계의 일관성, 관련정보 공시 체계의 적절성 등에 대한 문제점도 지적되고 있다. 무엇보다도 '진짜 그린본드'인지를 확인할 수 있느냐 하는 제대로 된 평가체계가 문제되고 있다. '그린 워싱(Green Washing)' 즉, 친환경 기업인 척 기업 이미지 마케팅에만 이용하고 조달 금리를 낮추거나 세제 혜택 등 지원만 받으려는 등 '체리피킹' 행위가 나타나고 있는 것이다.

ESG 채권시장은 본래 발행자와 투자자 사이에서 충분한 정보 교환과 소통을 통해 발전시켜 나가야 하며, 양측의 신뢰 확보가 매우 중요하다. 특히, 그린본드의 경우 그린워싱의 문제를 방지할 필요가 있으며 국제적으로 정해진 그린본드 원칙과의 정합성도 검증해야 한다. 또한, 발행기관의 관련정보 공시, 그 정보에 대한 투자자 관점에서의 평가가 중요하다. 이를 통해 발행채권의 다양성도 확보할 수 있고, 동시에 그린워싱 채권이 발행되는 것에 대한 시장의 통제가 가능해진다.

그린워싱과 관련하여, EU, 영국, 싱가포르, 남아프리카공화국, 대만 등은 전체 또는 상장기업에 그린본드 공시를 의무화하고 있다. 이와 달리 미국에서는 기업지배구조와 환경과 관련한 사항에 대해서만 부분적인 공시 의무를 부과하고 있다. 일례로 EU와 영국에서는 최근 '기후변화와 관련한 금융정보 공시에 관한 태스크포스(TCFD)'의 권고안에 따라 사업보고서 내 기후변화 관련 재무정보 공시를 법으로 강제한 반면, 미국의 경우 동일한 내용의 법안이 2019년 7월 의회에서 부결된 바 있다.

국내의 경우 일부 기업들이 자체적으로 글로벌 지속가능보고 기준인 GRI 기준을 참고해 지속가능경영보고서를 발간하고 있지만 이 기준은 전 세계 기업을 대상으로 매우 일반적인 이슈에 대해서만 기재하도록 되어 있기 때문에 정보의 구체성이 부족해 개별 기업의 성과 평가나 기업 간 비교에 활용하기가 어렵다는 지적이 있다. 더욱이 지배구조에 대한 사항은 사업보고서와 기업지배구조 보고서에, 그 외 사회책임, 환경에 대한 사항은 지속가능경영보고서와 환경 정보공개시스템, 기업 웹사이트에 산재되어 있어 해당 정보에 대한 외부 이해관계자의 접근이 쉽지 않은 실정이다. 우리나라에서도 그린본드 정책의 실효성 확보를 위해서 공시 정보의 범위, 내용, 공시방식 등에 대해 구체적인 세부방안이 조속히 마련되어야 한다.

1.2.6. 전력계통과 수급 상의 기술적 문제

우리나라는 남한과 제주도라는 2개의 제한된 전력망을 가지고 있으나 상대적으로 전력수요는 많은 편이다. 이를 기반으로, 지금까지 우리나라는 원전과 화석연료 중심으로 단일한 기관(한국전력)에서 안정적으로 전력을 생산/공급하는 전력망을 운영하는 것이 효과적 이었다. 반면, 신재생에너지는 화석연료 발전보다 불안한 전력공급과 주파수를 가지는 한계가 있다. 따라서, 현재의 우리나라 전력망에서 신재생에너지를 통한 전력 공급이 늘어날 경우, 오히려 수급면에서의 안정성을 해칠 수도 있다.

이 문제를 해결하기 위해서는 전력계통의 확장을 통해서 전력수급과 주파수 안정을 꾀하여야 하는데, 이와 관련된 제안이 중국, 러시아, 북한, 한국, 일본 등을 망라하는 동북아 Super Grid이다. 그러나, 동북아 Super Grid는 경제 외에도 정치/안보적인 여러 문제가 해결되어야 한다는 점에서 중장기적 과제에 속한다. 이와는 별개로 하루 속히 한전 중심의 단일 전력수급체계에서 벗어나, 다자간 전력 공급과 수요를 가능하게 하는 Smart Grid 환경이 마련되어야 한다. 또한 신재생에너지의 수급을 보다 치밀하게 예측할 수 있는 기상예측 및 전력수급예측 시스템 도입도 신재생에너지 발전의 활성화를 위한 선결과제이다.

1.2.7. 해상풍력사업 준비와 내수 진작 문제

신재생에너지 중 풍력발전은 장기적 관점에서 효율이 높은 해상풍력 사업의 개발이 중요하다. 해상풍력사업을 위해서는 8MW 이상 급 고효율의 국산 해상풍력터빈 개발이 시급하고 해양 플랜트(파일식, 부유식) 기술 국산화가 필요하다. 이 문제는 풍력발전을 통한 그린 뉴딜의 성공을 위한 선결과제라는 점에서 해상풍력산업에 대한 정부 차원의 보다 적극적인 R&D 투자와 보조금 지원이 필요하다.

우리나라에서 풍력사업은 미래 먹거리라고 할 수 있다. 업계에서 계획한 대로 17GW 풍력시대가 열린다면, 매출 수십조원의 사업이 가능하다는 점에서 한국시장에 진출하려는 해외 투자자들, 글로벌 터빈 메이커들도 많은 상황이다. 현재 국내 풍력터빈 시장점유율의 50% 가량을 외산이 차지하고 있으므로 절반 이상의 외자사업에 REC를 지급하고 있는 현실이다. 따라서, 국내 자본과 기술로 해상풍력 시대를 일궈나갈 수 있도록 정부의 적극적 관심과 지원이 필요하다.

1.2.8. 에너지 평등의 문제

2020년 상반기 현재 우리나라의 예비전력은 20~30% 이상으로 전력 수급은 전반적으로 안정되어 있다고 볼 수 있다. 이러한 상황에서 에너지 믹스의 전환은 기존 전원 중의 일부 퇴출을 의미하므로, 특정 산업에는 기회일 수 있지만 다른 산업은 생존의 기로에 처할 수밖에 없다. 따라서, 에너지 믹스를 전환하기 위해서는 기존 발전사업에 일몰제를 도입하고 해당 종사자에 대한 재취업 대책 등 사회적 충격 완화책 마련이 필요한 실정이다. 그러나, 이 과정은 첨예하고 막대한 이해관계가 얽혀 있어 길고 지난한 과정이 소요될 것이다. 여하튼, 에너지 믹스 전환의 열매를 사회구성원 모두가 최대한 공정하게 나눌 수 있을 때, 그 성공을 담보할 수 있을 것이다.

지난 몇 년 간 발전부문에서 수많은 기술 혁신이 일어난 덕분에, 최근엔 신재생에너지 발전단가가 석탄화력 만큼 낮아진 상황이다. 해외에서는 태양광발전소 건설자금을 조달하는 작업이 석탄화력발전소 보다 수월할 정도까지 이르렀다.

따라서, 우리나라에서도 석탄화력에서 신재생에너지로 에너지 믹스를 무리없이 전환하기에 최적의 환경이 도래하고 있다. 이를 반영하여, 최근 국제금융시장에서는 주요 재무적 투자자들의 석탄화력 투자 철회가 잇따르고 있다. 각국의 탄소중립 정책 도입 외에도 신재생에너지 자체의 발전단가가 떨어지고, 석탄화력 발전단가는 조금씩 오르고 있기 때문이다.

이러한 해외상황에도 불구하고 우리나라에서 신재생에너지로의 전환이 쉽게 이뤄지지 않는 가장 큰 요인은 국내 전력시장의 독점 구조에서 찾을 수 있다. 우리나라의 전력산업은 사실상 한국전력 공사가 독점하고 있다 해도 과언이 아니다. 전력의 생산, 송·배전, 판매까지 공기업인 한전과 자회사가 도맡고 있는 상황에서, 굳이 추가적인 비용과 위험을 감수하면서 이들이 에너지 전환의 모험을 감행할 이유는 별로 없다.

이러한 상황에서 만약 태양광발전 사업자가 삼성 등의 대기업에 전기를 직접 팔수 있도록 규제완화가 이루어진다면 우리나라 전력시장 구조는 급변할 수밖에 없다. 수요기업 입장에서는 발전단가 낮은 전기를 쓰면서 비용도 줄이고, 친환경 에너지 사용으로 대외 이미지 제고 측면에서도 유용한 태양광 발전을 마다할 이유가 없다. 요컨대, 제대로 된 에너지 믹스 전환을 위해서는 한전의 전력시장 독점 구조를 해체해야 하고 이는 경제외의 요소도 얽혀있는 중요 국가과제로서 국민의 공감대를 기반으로 정부가 결정해야 할 이슈이다.

이 문제와 관련하여, 2011년 영국 재무부가 시행해 성공을 거둔 CPF (Carbon Price Floor)라 불리는 탄소세 정책을 참고할 필요가 있다. 이 정책을 통해 영국은 탄소배출권 가격이 일정 수준 이하로 내려가면 추가로 탄소세를 부과함으로써 석탄발전소 퇴출을 촉진하고 태양광·풍력 발전소에 투자하도록 산업 구조조정을 유도한 바 있다. 그 결과, 2010년 40%에 육박하던 영국의 석탄화력 발전 비중이

2019년 2%로 크게 감소했으며 2010년 2.7%에 불과하던 태양광·풍력 발전 비율은 23.8%까지 늘어 원활하고 무리 없는 에너지 믹스 전환을 달성할 수 있었다.

1.2.9. '탈(脫)석탄금고' 모델의 적극 시행

'탈석탄금고'는 국내 금융기관들의 탈석탄 투자를 이끌어내기 위해 고안된 '한국형 기후금융' 모델이다. 이는 '한국사회투자책임포럼' 등의 시민단체에 의해 제안된 모델로서 일종의 '넛지(Nudge: 특정 선택을 유도하는 부드러운 개입)' 전략이라고 할 수 있다. 즉, 금융기관을 제도나 규제를 통해 직접 압박하는 게 아니라, 지자체와 교육청 등 자체 금고를 가진 곳들을 움직여 금융기관이 스스로 탈석탄 투자라는 바람직한 선택을 하게 만드는 친(親)시장적인 기후금융 모델이다.

탈석탄금고 모델은 2020년 하반기 연간 10조원에 달하는 서울시 교육청의 금고를 관리할 은행을 선정할 때 큰 이슈가 되었다. 이는 시중은행들로선 4년 만에 찾아온 큰 기회로서, 이번에 선정되면 향후 4년간 서울시교육청의 금고지기 역할을 하며 총 40조원을 굴릴 수 있게 된 것이다. 2020년 5월 서울시교육청이 '탈석탄금고'를 선언하면서 은행권이 술렁이기 시작했다. 왜냐하면, 금고를 선정할 때 "석탄산업에 투자하지 않겠다"고 공표한 은행을 우대해 준다는 조건을 달았기 때문이다. 우리나라 17개 시도교육청 가운데 탈석탄 금고를 선언한 건 서울시교육청이 처음이었다.

이전에도 2018년 사학연금과 공무원연금이 최초로 탈석탄 투자를 선언한 바 있다. 2019년 DB손해보험, 한국교직원공제회, 행정공제회 등도 탈석탄 투자를 선언했지만 규모와 영향력이 훨씬 큰 공공 및 민간 금융기관들은 2020년 상반기까지 이에 대응한 별다른 움직임을 보이지 않았다. 특히, 국책은행인 산업은행과 수출입은행을 비롯해 대형 시중은행들은 눈치만 보고 있는 상황이었다.

국내 금융회사들도 전 세계적으로 탈석탄 투자가 대세라는 걸 인식하고 있고 내부적으로는 대비하기 시작한 것으로 보이다. 다만 공개적인 '선언'을 하게 되면 '액션'이 뒤따라야 하는데 현재 모든 은행들이 석탄산업에 이미 투자한 것이 많아 정리가 쉽지 않은 것이다. 예를 들어, NH농협은행이 속한 농협금융지주는 약 4조 2600억원 규모의 석탄투자를 진행 중인데, 상기한 바와 같이 교육청과 지자체가 연쇄적으로 탈석탄금고를 선언할 경우 이들의 고민도 깊어질 수밖에 없는 것이다.

이와 관련하여, KB금융그룹은 2020년 9월 국내 금융권에서는 처음으로 그룹차원의 '탈석탄 금융'을 선언하고 KB국민은행 등 모든 계열사가 참여하기로 했다. 구체적으로, 국내외 석탄화력발전소 건설을 위한 신규 프로젝트 파이낸싱(PF)과 채권 인수 등 관련사업 참여를 전면 중단하겠다고 밝혔다.

글로벌 금융기관들의 '탈석탄 선언'은 세계적인 흐름이다. 2020년 3월 기준, 해외 1187개 기관투자자가 화석연료 관련 산업에는 투자하지 않겠다는 '파슬 프리 캠페인(fossil free campaign)'에 동참하기에 이르렀다. 세계 최대 연기금인 노르웨이 국부펀드, 캘리포니아 공무원연금인 캘퍼스, 독일의 알리안츠그룹 등 주요 연기금과 금융회사들이 줄줄이 캠페인에 합류하며 탈석탄 투자를 선언한 이유는 글로벌 기후요인 외에도 최근 석탄산업 자체가 경제적 수익을 내지 못하는 이른바 '좌초 자산'으로 전락하고 있기 때문이다. 이상의 제반 상황을 감안하여, 우리나라도 정부, 지자체, 공기업 및 연기금 등이 다양한 수단을 통해 보다 적극적으로 금융권의 '탈석탄화'를 유도할 필요가 있다.

1.3. 참고사례: 기후변화에 대한 영국 정부 및 의회의 대응

2008년 영국은 기후변화 대처 필요성에 대한 사회적 합의를 바탕으로 기후변화법(Climate Change Act)을 제정한 바 있는데, 동법 제1조는 2050년까지 온실가스 배출량 최소 80% 감축을 모든 정부 부처의 의무사항으로 규정하고 있다.

정부는 '녹색금융 TF(Green Finance Task Force)'를 구성하여 기후금융 관련 장기적 정책방향을 마련하기 시작했다. 2017년 영국 재무부(HM Treasury)는 금융업계 등이 참여하는 TF를 구성하여 녹색금융에 대한 시장참여자의 의견을 수렴하고 기후변화 관련 리스크 관리 강화, 녹색대출 상품에 대한 수요·공급 확대, 클린테크놀로지에 대한 투자유도 등을 적극적으로 시행했다.

2016년 1월 런던금융특구(City of London)는 런던을 녹색금융의 글로벌 중심지로 발전시키기 위해 Green Finance Initiative(GFI)를 제정했는데, GFI는 녹색금융에 대한 연구, 관련행사 개최, 외국과 협력사업 추진 등을 통해 녹색금융 분야에서 런던의 경쟁력을 세계적으로 강화하는 것이 목표이다.

2. 금융권 차원

2.1. 국내외 금융권의 기후금융 대응상황

 전술한 바와 같이. 전 세계적인 기후변화는 자연재해의 증가 외에도 경제시스템의 근본적 변화로 이어져 각국의 금융산업에도 막대한 영향을 미치고 있다. 이에 따라, 각국의 금융권은 기후변화가 미치는 파급효과의 규모와 범위에 촉각을 곤두세우면서 대응책 마련에 부심하고 있다.

 2019년 4월 NGFS(Network for Greening the Financial System)[23]는 기후변화가 금융시스템에 미치는 리스크 요인을 분석하여 발표한 바 있는데, 이에 따르면, 기후변화가 금융시스템에 미치는 리스크는 직접적인 피해인 물리적 리스크(physical risks)와 경제시스템 변화로 초래되는 전환 리스크(transition risks)로 구분할 수 있다.

(1) 물리적 리스크

 1980년대 이후 글로벌 기후변화에 따른 자연재해 건수는 3배 이상 증가했으며 최근 10년 중 7년 동안 자연재해로 인한 연간 경제적 손실은 지난 30년 평균(140억 달러)을 초과했다. 이에 따라 보험금 증가, 보험료 인상 등이 초래되고 있으며 자연 재해에 따른 자산가치의 하락, 수입의 감소는 여신 이용자의 상환 능력을 약화시켜 은행 등의 건전성에 부정적 영향을 야기하고 있다. 또한 향후 재해로 인한 손실의 불확실성이 커짐에 따라 이를 대비하기 위한 필요자금이 증가하여 금융회사의 투자여력이 축소되고 있다.

 그러나 2019년 현재까지 개발된 금융안정성에 대한 기후변화의 물리적 영향을 측정하는 모형은 불완전하고 개선이 필요한 상황이다. 특히, 기후변화가 각국의 금융안정성에 미치는 경로를 보다 입체적으로 파악하고 이의 사회/경제적 영향 등을 현실에 맞게 반영하는 것이 필요하다.

---

[23] 기후변화 억제를 위한 영국, 프랑스 등 주요국 중앙은행 및 감독당국 협의체

(2) 전환 리스크

전 세계의 온실가스 배출을 억제하기 위해서는 저탄소 경제체제(low carbon economy)로의 전환이 필수적인데, 이 과정에서 자연스럽게 에너지 산업, 제조업, 운송업 등 경제전반에 막대한 혼란과 비용이 발생하게 된다. 특히, 석유, 석탄 등 화석연료와 관련된 산업 또는 이를 대량으로 소비하는 산업의 경우, 온실가스 감축을 위해 기존 자산의 물리적 내용년수 이전에 사용을 중지하여야 함에 따라 자산 및 기업가치의 하락이 불가피하다. 이는 해당 산업에 여신을 제공한 금융기관 및 투자자에 다시 악영향을 미치는 악순환을 되풀이 할 수 있다.

한편, 특정 국가의 저탄소 경제로의 전환이 급격히 추진될 경우, 관련자산에 대한 대규모 재평가가 일어나면서 경기순응적 손실확정(pro-cyclical crystalisation of loses) 및 지속적인 자금사정 악화 등 시장불안정이 발생할 가능성이 존재한다. 이를 'Climate Minsky Moment'라고 하는데, 영란은행 총재 Mark Carney가 Minsky Moment(시장에 대한 불안 등으로 건전한 자산까지 투매함에 따라 전반적인 자산가치가 급락하는 시기)를 기후변화와 관련하여 언급한 표현이다.

요컨대, 예상치 못한 탄소세 부과 등 무계획적인 저탄소 경제체제로의 전환은 관련비용을 극대화할 가능성이 있는 것이다. 이 비용의 최소화를 위해 각국 정부는 명확한 정책의 제시, 적절한 전환기간 허용 등 질서 있는 계획 수립과 이행에 만전을 기하는 것이 필요하다.

2018년 영란은행 산하 PRA(Prudential Regulation Authority)는 기후 변화와 관련된 은행의 리스크 요인을 다음과 같이 신용리스크, 시장 리스크 및 운영리스크로 구분하여 분석한 바 있다.

(1) 신용리스크

신용리스크는 급격한 기후변화로 인해 은행 여신거래 상대방의 채무 불이행 등이 발생할 가능성을 의미한다. 물리적 리스크 요인으로서 자연재해 등으로 발생한 손실, 담보가치 하락 등으로 채무불이행 등이 발생할 가능성 등이 이에 속한다. 전환 리스크 요인으로서 저탄소 경제체제로 전환과정에서의 과도한 비용발생, 손실확대 등에 따른 채무불이행 가능성 등도 포함된다.

(2) 시장리스크

기후변화로 인해 금융회사가 보유한 유가증권의 가치 하락 등에 따른 손실 가능성을 시장리스크라고 한다. 이에는 물리적 리스크 요인으로서 자연재해 등에 따른 성장률 저감 및 거시경제 악화로 인한 정부채권 등의 가치 하락이 포함된다. 전환리스크 요인으로서 저탄소 경제로 전환이 용이하지 않은 국가 및 기업이 발행하는 유가증권의 가치하락 가능성을 들 수 있다.

(3) 운영리스크

운영리스크란 기후변화로 인해 금융기관의 정상적인 운영에 장애가 발생할 가능성을 말한다. 물리적 리스크 요인으로서 자연재해 등으로 은행의 글로벌 네트워크가 정상적으로 운영되지 못 하거나 전환 리스크 요인으로서 저탄소 경제로 전환이 적극적이지 않은 기업에 대한 대출시 은행의 평판이 훼손될 가능성을 들 수 있다.

한편, 기후변화는 글로벌 금융산업에 상기한 리스크를 부담시키지만 좋은 기회로도 작용할 수 있는데, 최근 떠오르는 각국의 '녹색금융 활성화' 추세가 좋은 예이다. 즉, 세계 각국이 기후위기에 대응하여 저탄소 경제체제로의 전환을 서두름에 따라 그린본드, 녹색대출 등 녹색금융이 전 세계적으로 활성화되고 있는데, 이것이 각국 금융권에 새로운 상품 및 시장을 제공하고 있는 것이다.

자산운용업계에서도 기업의 환경적 성과 등을 감안한 투자가 활성화되는 가운데, 2017년 전세계 기관투자자들이 기후변화에 대처하기 위해 'Climate Action 10+'를 결성한 바 있다. Climate Action 10+는 기업들의 온실가스 배출 감축과 기후변화와 관련된 재무정보의 공개 강화를 요구하고 있는데, 현재 전 세계 320개 이상의 기관투자자들이 Climate Action 10+에 참여하고 있으며, 이들의 총 운용자산은 3조 달러를 초과하고 있다.

영국의 PRA는 기후변화와 관련하여 다음과 같은 새로운 보험상품의 개발을 예상한 바 있다.[24] 저탄소 경제체제로 전환과정에서 재생 에너지 시설 등의 건설, 운영 시 발생 가능한 손실을 보상하는 보험 상품과 재생에너지에 대한 정부정책 변경

---

[24] The impact of climate change on the UK insurance sector(PRA, 2015)

에 따른 보조금 축소 및 손실 확대 등을 보상하는 보험상품 등이 여기에 포함된다.

특히, 화석연료를 많이 쓰는 나라에 탄소조정세를 부과하겠다는 공약을 내세웠던 조 바이든 미국 대통령 정부가 출범하면서 상당수의 ESG 규범이 의무적인 규제로 바뀌고 있다는 점에 우리 금융권도 유의해야 한다. 유럽연합(EU)도 내년부터 모든 금융회사에 ESG 관련 공시를 의무화 하며 금융권과 기업을 압박하는 모양새다. 범세계적인 코로나19 팬데믹도 금융권의 ESG 확산을 가속화하는 계기가 되어 각국에서 기업과 금융회사가 기후관련 사회적 책임을 우선해야 한다는 여론이 대세가 되었다. 노르웨이 국부펀드, 골드만삭스, 블랙록 등은 이미 ESG 데이터를 기반으로 투자 여부를 결정하고 있으며 2020년 6월 말 기준 글로벌 ESG 펀드가 보유하고 있는 자산은 40조 5000억 달러에 달하고 있다.

2.2. 국내 금융권의 향후 과제

2020년 말 발발한 코로나19 팬데믹과 기후변화라는 양대 재앙은 지구 생태계 변화와 밀접한 관련이 있고 막대한 손실을 초래하며 사람의 생명에도 중대한 영향을 미친다는 공통점이 있어 글로벌 금융권의 긴밀한 공조로 이를 예방하는 노력이 절실하다. 전술한 바와 같이, BIS는 기후변화로 인한 '그린스완'이 각국 사회를 위협할 뿐 아니라 화폐와 금융의 안정성까지 흔들어 글로벌 금융위기를 초래할 수 있다고 경고한 바 있다.

전 세계로 번져가는 양대 재앙의 막대한 피해를 막기 위해, 금융회사들이 비상한 각오로 ESG 활동에 나서야 하는 당위가 여기에 있다. 세계 각국에서 전염병에 도시가 '셧다운'되면서 자영업자와 소상공인들은 물론 대기업들도 파산에 직면하고 있고 하늘길이 끊기면서 각국 항공사 및 여행사들의 경영난과 부도가 잇따르고 있다. 이렇게 기업과 자영업자들이 줄도산하면 결국 그 피해는 고스란히 금융회사로 전이되고, 이는 또다시 국가경제를 무너뜨리는 악순환이 되풀이 되고 있다. 이에 따라, 각국 금융회사들의 '경제 주치의' 역할이 필수적이며 이는 그들의 ESG 활동을 통해 가장 효율적으로 구현될 수 있는 것이다.

세계 각국의 금융회사들이 ESG 채권 발행에 연이어 나선 또 다른 이유는 공적 성격을 지닌 금융회사의 사회적 책임을 다하면서도 더 유리한 조건으로 필요 유동성을 확보할 수 있다는 판단이 뒤에 있다. 예컨대, KB국민은행이 2020년 상반기 발행한 1년 만기 ESG 채권의 금리는 당시 AAA 은행채 민평금리(1.22%)보다 7bp (0.07%p) 낮은 1.15%를 기록했다. 여타 기업이나 금융회사가 발행한 ESG 채권도 같은 조건의 일반채권에 비해 발행자에게 보다 유리하게 발행되는 것이 일반적이다.

특히 코로나19가 맹위를 떨치던 2020년 국내 금융회사들이 ESG 채권 발행으로 조달한 돈은 주로 코로나19 피해기업 지원에 쓰였다. 가장 대표적인 것이 코로나19로 직격탄을 맞은 소상공인들을 위한 초저금리 대출이었다. IBK기업은행을 필두로 금융권은 코로나19 피해기업 대출에 앞장섰고, 1차 지원 프로그램을 통해 16조 4000억원, 2차 프로그램을 통해 10조원을 공급한 바 있다. 평소라면 실사 등 심사절차가 까다로워 대출 실행까지 오랜 시간이 걸리지만 은행들은 신속한 코로나 자금지원을 위해 비대면 대출까지 선보이며 지원에 나섰다.

최근 해외진출을 활발히 하고 있는 국내 금융회사들은 글로벌 투자자 유치 차원에서라도 ESG 경영이 불가피한 실정이다. 전술한 대로 최근 북미·유럽의 연기금 투자자들은 ESG를 주요 투자기준으로 삼고 있어 이들의 투자를 받으려면 활발한 ESG 경영은 필수적이다. 금융회사의 주주가치 제고를 위한 주가 부양을 위해서도 ESG 활동은 반드시 요구된다. 실제로 국내 금융그룹 CEO들은 해외 투자설명회(IR)에서 재무적인 기준 외에도 사회책임투자(SRI)를 어느 정도 실천하는지에 많은 시간을 할애하고 있다. 최근 환경이든 사회든 고객이든 모든 이해관계자와 금융회사가 더불어 성장해야 지속가능한 경영이 가능하다는 공감대가 글로벌 금융시장에서 대세로 자리잡고 있다. 요컨대, ESG 경영은 금융회사의 미래를 위한 선택이 아닌 필수가 되고 있는 것이다.

그럼에도 불구하고, 국내 금융회사의 ESG 경영은 해외에 비하면 아직 걸음마 단계에 불과한 상태이다. 글로벌 금융사들은 자신들이 투자한 기업의 ESG 계획과 실행 내역을 꼼꼼히 모니터링하고 향후 투자에 반영하고 있지만 국내는 아직 그럴 정도의 체계가 갖춰져 있지 않아 무늬만 ESG 경영에 그치는 경우가 다반수이다.

국내 자산운용사들도 ESG 투자에 속도를 내고 있다. 운용사들은 '좋은 기업에 투자하는 것이 좋은 수익률을 낼 수 있는 방법'이라는 판단 하에 기후나 환경 등의 비재무적 요소를 기업의 재무와 가치 평가에 중요한 기준으로 삼고 있다. 이스트스프링자산운용의 ESG 펀드인 '이스트스프링 지속성장기업 펀드'는 담배·주류·카

지노 등 업종과 ESG 최하위 등급인 E등급 종목들을 투자에서 제외하고 있다. 각 산업에서 ESG 점수가 높은 기업들을 선별 투자해 수익률의 안정성을 확보하고 있으며 특히 최근 ESG 등급이 개선된 기업들은 펀드의 집중투자 대상이 된다. 구체적인 ESG 평가 전략은 의결권 자문사인 서스틴베스트와 협업해 정하고 있다.

이렇게 되면 대기업 위주로 투자가 이뤄진다는 지적에 대해 본 펀드 담당자는 "ESG 등급 평가가 100여개 이상의 지표를 토대로 분석되다 보니 중소기업이 제공할 수 있는 자료에 한계가 있는 경우가 있다"고 설명하며 그 불가피성을 인정하기는 했다. 하지만 ESG 등급 산정기관들도 대기업들만 높은 ESG 등급을 받는 것을 방지하기 위해 사업보고서나 환경자료 외에 각종 비공식적 자료들을 활용하여 이 문제를 극복하려 하고 있다.

미래에셋자산운용은 2020년 국내 최초로 채권형 ESG 펀드인 '미래에셋지속가능 ESG 채권펀드'를 출시한 바 있는데, 이 펀드는 신용등급 AA- 이상인 국내 기업 중 한국기업지배구조원의 ESG 평가 등급이 B+ 이상인 기업이 발행하는 ESG 목적채권을 투자대상으로 한다. 국내에서는 2018년에 처음으로 ESG 채권이 발행됐고 2019년 18조원, 2020년 33조원 등으로 발행시장이 급성장하고 있다. 전 세계적으로도 ESG 채권은 2020년 코로나19 사태로 크레딧 시장이 위축돼 있는 상황에서도 대부분 무난하게 발행되는 저력을 발휘했다. 요컨대, 우리 금융회사와 기업들은 이제 ESG를 보는 시각을 '기업활동의 걸림돌'이 아닌 '미래수익의 창출원'으로 근본적으로 바꿀 필요가 있다.

2.3. 참고사례: 기후변화에 대한 영국 금융권의 대응

(1) 영란은행 및 금융감독기관

영란은행, PRA, FCA(Financial Conduct Authority) 등 영국의 금융 감독기관들은 일찍부터 기후변화가 금융분야에 미치는 리스크 요인을 주시해 왔다. PRA는 기후변화의 영향이 보험분야(2015년), 은행 분야(2018년)[25]에 미치는 영향을 분

---

25) Transition in thinking: The impact of climate change on the UK banking sector (PRA 2018)

석하여 발표한 바 있으며 2018년 FCA는 금융투자분야의 기후변화 리스크 요인에 대해 보고서를 발간했다.26) 이 보고서에는 현재의 투자자산 가치가 기후변화 리스크를 적절히 반영하지 못할 때 향후 관련자산의 가치가 급격히 변동될 가능성이 상세히 분석되어 있다.

PRA와 FCA는 공동으로 기후변화 리스크 관련 정보공유와 금융회사의 효율적 대응을 유도하기 위해 감독기관과 금융업계가 공동으로 참여하는 협의체인 Climate Financial Risk Forum을 운영하고 있다.27) 또한, 2019년 4월 PRA는 금융기관이 기후변화 리스크를 지배구조, 리스크 관리 등에 반영하고 적절히 공시토록 제반 규정을 개정했다(2019.10.15. 시행). 2017년 12월 영란은행은 NGFS(Network for Greening the Financial System)의 창립멤버로 참여하는 등 기후변화와 관련된 금융분야의 국제 협력을 주도적으로 견인하고 있다.

(2) 민간 금융회사

Barclays, Standard Chartered 등 주요 영국은행들은 글로벌 은행들과 함께 기후변화 리스크를 분석하기 위한 국제적 공동연구에 참여 중이며28) RBS 등의 은행들은 기후변화 리스크를 자체 지배구조, 전략, 리스크 관리 등에 적극적으로 반영하고 있다(예: 신재생에너지 산업에 대한 대출 확대 등).

이외에도, 영국 금융권은 런던의 글로벌 금융중심지로서의 장점을 활용하여 녹색금융 시장의 선점전략을 짜는데 부심하고 있다. 2020년 현재 런던증권거래소(LSE)에는 약 70개 이상의 녹색채권(20억 달러 상당)이 상장·거래 중으로 룩셈부르크에 이어 세계 2위를 기록 중이며 Barclays 은행 등은 에너지 효율이 높은 주택 구매 시 보다 유리한 조건의 대출상품(Green Mortgage)을 제공하고 있을 정도이다.

---

26) Climate change and green finance(FCA, 2018. 10)
27) First meeting of the PRA and FCA's joint Climate Financial Risk Forum (Bank of England, 2019.3)
28) UBS, Citi, BNP Paribas 등 전 세계 16개 대형은행이 공동으로 진행 중.
16 Leading Banks Collaborate to Tackle Physical Risks of Climate Change (Green Growth, 2018. 7).

3. 기업 차원

3.1. 기후금융에 대한 인식 제고

기후금융 및 에너지 믹스 전환의 문제는 여러 이해관계자들이 얽혀 있는 복잡한 사회문제라는 점에서 이를 단숨에 해결할 수는 없고 논리와 설득을 통한 점진적이고 단계적인 진전이 중요하다. 이에는 상기한 이슈에 대한 일반시민의 정확한 인지와 합리적인 시민의식의 제고가 필수적이다.

대부분의 일반 시민들은 먹고 사는 경제에는 관심이 많지만, 기후금융이나 에너지 믹스 전환 등에 대해서는 본인에게 직접적인 영향이 없다는 이유로 심각하게 받아들이지 않는 경향이 있다. 우리나라도 유럽이나 미국과 같이 상식을 가진 보통 시민들이 지구 온난화의 심각성을 인지하고 행동하는 환경을 조성하는 것이 중요하다.

19세기 말부터 20세기까지 지구의 평균온도는 1.2도 가량 상승했는데, 앞으로 1.5도 이상 상승할 경우 이상기후, 사막화, 고온질병 발생 등으로 인류의 생존이 위협받게 된다는 것이 많은 전문가들의 예측이다. 시민사회, 학계, 언론 등 여론 주도층이 이러한 기후변화의 심각성과 이를 해결하는 에너지 믹스 전환 필요성에 대한 올바른 정보를 생성/교육/전달할 때, 상식을 가진 일반 시민들이 에너지 전환 비용을 기꺼이 치를 것이며 이것이 우리나라의 최우선 과제로 대두되고 있다.

3.2. 신재생에너지 사업의 사업성 확보와 악성 민원문제

신재생에너지 사업이 보다 활성화되기 위해서는 사업자는 돈을 벌고 주민들 살림살이에 도움이 되어야 한다. 풍력 혹은 태양광 사업으로 인해 주민들에게 재정적 손해가 발생할 경우에는 당연히 사업자가 그 손해에 대해 배상을 함이 마땅하다. 그러나 우리나라 곳곳의 신재생에너지 사업장에서는 주민들이 막무가내 식으로 사업을 반대하고 불합리한 재정지원을 요구하는 경우가 많다. 이렇게 불합리한 민원들은 공사를 지연시키고 예정에 없던 민원 해결비를 발생시켜 사업자에게 큰 부담을 주기 마련이다. 사업자가 정상적이고 합법적인 절차로 사업을 추진하는 경우 주민들의 몰이해 혹은 오해로 제기되는 민원에 대해서는 정부 혹은 지자체 주도로 주민 이해를 돕기 위한 적극적 홍보와 설명도 필요하다.

특히 사업내용과 관계없는 막무가내 식의 민원은 지양되어야 하며 사실과 다르거나 불합리한 민원은 입증 책임을 민원 제기자에게 부담시켜야 한다. 선진국의 사례들처럼 객관적인 타당성분석과 설득과정을 통해 주민들이 지분투자를 통해 사업에 직접 참여하고, 정당하게 지분에 대한 배당을 얻도록 사업구조를 짜는 것이 바람직하다.

3.3. 기후금융 평가체계 정비

선진 주요국의 연기금 및 금융권의 기후금융 투자가 활성화되어 있는 배경으로 그들의 투자기준 체계가 잘 갖춰져 있고 투자대상도 주식, 채권 등 다양한 금융상품에 고루 배분되어 있다는 점은 이미 지적한 바와 같다. 그러나, 국내에서는 기후금융 투자자가 참고할 만한 평가체계가 미비하고 기후금융 투자효과에 대한 연구도 극히 부족한 실정이다. 이에 반해, 해외에서는 다양한 기후금융 투자성과에 대한 다양한 연구결과가 나오고 있다. 대체로 긍정적인 결과가 대다수이지만 투자대상 선정과정에서 어떤 기준을 고려하느냐에 따라 부정적인 결과도 나오고 있어 실제 투자 시 유용한 가이드라인이 되고 있다.

이외에도 국민연금을 비롯한 연기금과 금융회사들은 기후금융을 포함한 ESG 투자를 국내 주식에만 집중하고 있으며 많은 기관투자자들이 여전히 기후금융 투자가 실제 수익으로 이어질 수 있을 것인지에 대한 의구심을 갖고 있는 것이 사실이다. 일례로 2020년 7월 말 현재 국내 ESG 펀드는 총 41개로 순자산 규모는 4,618억원 수준인데, 이를 투자지역별로 나누어 국내투자 펀드(31개)와 해외투자 펀드(9개)의 운용자산은 각각 4,038억원, 550억원으로 국내시장 투자비중이 87% 이상을 차지하고 있다. 국내투자 펀드 가운데 채권형, 혼합형 공모펀드 등은 3.5%(142억원)에 불과하고 주식형 공모펀드는 96.5%(3,895억원)로 국내투자 펀드의 대부분이 주식에 투자되고 있다.

국내에 존재하는 3개의 ESG 평가기관[29]이 제공하는 평가점수 간 일관성이 떨어지는 점도 문제이다. 이는 국내 ESG 투자 관련연구가 매우 적기 때문에 ESG 정보를 엄밀하게 수치화·계량화할 만큼 개별 기업의 다양한 사례와 자료가 충분히 축적되지 않아서 평가기관에 따라 다른 결과가 도출되는 것으로 추정된다. 그나마 수집가능한 ESG 자료도 표준화되거나 규격화되어 있지 않고, 대부분 언론 등의 공개자료로부터 추측 또는 추정되어야 할 정도로 공시체제가 명확히 갖춰지지 않아 자료의 일관성이 미비한 점도 또다른 문제이다.

ESG 평가의 신뢰를 높이기 위해서는 관련 정보를 투명하게 공개해야 하는데, 아직까지 대부분의 국내 기업들은 ESG 정보 공개를 꺼리는 경향이 있는 것이다. 관련하여, 한국거래소는 2019년부터 ESG 관련 지배구조 공시제도를 도입한 바 있다. 이에 따르면, 상장사 중 자산총액이 2조원이 넘는 기업은 의무적으로 지배구조 보고서를 공시해야 하는데, 2019년 공시를 완료한 기업 숫자는 211개사에 달하는 등 매해 증가하고 있다.

3.4. 기후금융 투자효과에 관한 연구 활성화

2020년 초 발발한 코로나19는 헤아릴 수 없는 수준으로 사회 변화의 속도를 가속화하고 있으며 이 같은 변화는 기후금융을 포함한 ESG 투자에 중요한 전환점이 될 것으로 판단된다. 지금까지의 연구결과에 따르면, ESG 투자는 양호한 투자 수익률과 더불어 ESG 성적표가 좋은 기업들이 생존력도 뛰어나다는 것을 실증적으로 보여주고 있다. 글로벌 회계법인들의 최근 조사에 따르면, 글로벌 투자기관 임원 91%가 기업 투자가치를 평가할 때 ESG 정보를 주요 고려사항으로 반영한다고 밝히고 있다.

하지만 ESG 투자에서 기업과 투자자 시각의 간극을 해소할 수 있는 일관된 가치측정방법은 여전히 부재한 실정이다. 기업들은 기후 금융을 통한 기업가치 제고를 투자자들에게 보여줄 수 있는 명확한 수단이 없어 홍보와 대응을 위한 정보가공에만 시간과 노력을 쏟고 있는 실정이다. ESG 투자자도 각종 평가기관의 결과물을 놓고 혼란을 겪고 있다. 미국 MIT 경영대학의 연구 결과, 글로벌 주요 ESG 평가기

---

29) 한국기업지배구조원, 서스틴베스트, 대신경제연구소.

관의 기업별 평가결과가 상당한 수준의 불일치를 보이는 것으로 나타났다.

정보공시의 불규칙적인 주기도 문제이다. ESG 정보공시 주기가 기업마다 천차만별로 나타나 투자자가 적시에 필요한 정보를 얻을 수 없으며 데이터의 신뢰성 부족한 것이 현실이다. ESG 확산 모멘텀이 탄력을 받으며 시장의 양적 확대와 함께 질적 성장에도 관심이 커지고 있는 점도 주목할 만하다. 최근 글로벌 컨설팅 회사인 Ernst Young이 ESG 성과에 공통 적용 가능한 장기적 가치측정체계(Long-term Value Framework) 및 핵심 성과지표를 발표하고 세계경제포럼(WEF)과 주요 글로벌 회계법인들도 유사한 성과지표의 개발을 발표한 것도 이러한 맥락이다.

3.5. ESG 기준에 입각한 기업경영의 전체 프로세스 설정

최근의 전 세계적인 기후금융 내지 ESG 투자의 활성화는 코로나 19와 글로벌 오피니언 리더들의 의기투합이라는 두 가지 요소로 촉발되었다고 봐야 한다. 이러한 활황이 일시적 '쏠림 현상'으로 끝나지 않고 지속가능한 추세로 정착하기 위한 마지막 조건은 기업들의 전향적인 인식 변화라고 할 수 있다. 즉, 기업들이 ESG 투자를 홍보나 대외평가 대응을 위한 수단으로만 여기지 않고 전반적인 가치사슬 차원에서 제품, 프로세스·공급망 관리, 이해관계자 대응 등을 ESG 기준에 맞추도록 해야 하며 실제로 전 세계 대부분의 대기업들이 그렇게 하고 있다.

3.6. 기후금융 관련지수 및 상품의 개발

기후금융 관련지수 및 상품의 개발도 시급한 과제이다. 캐나다공무원연금, 덴마크공무원연금, 뉴질랜드공무원연금, 싱가포르 국부펀드 등 글로벌 대형 기관투자자들은 2016년에 이미 공동으로 재무건선성과 지속가능성을 기준으로 설계된 지수(S&P Long-term Value Creation Global Index)에 대한 투자를 시작한 바 있다. 이와 함께 Dow Jones, MSCI 등 글로벌 지수개발사들도 기후금융 관련 지수를 다양하게 개발하여 제공 중이다. 상기한 사례들을 참조하여 우리나라도 기후금융 투자자나 발행사들이 벤치마크로 삼을 수 있는 다양한 지수들을 개발하여 시장에서 활용되도록 해야 할 것이다.

4. 한국형 뉴딜의 효율적 추진방안

최근 우리나라에서 기후금융과 밀접하게 관련된 정책 중의 하나로 '한국형 뉴딜'을 들 수 있다. 이하에서는 이의 개요, 현황, 문제점 및 효율적 추진방안을 살펴보기로 한다.

4.1. 한국형 뉴딜의 개요

정부는 2020년 7월 코로나19 사태 이후 경기 회복을 위해 마련한 국가 프로젝트인 '한국형 뉴딜 종합계획'을 확정·발표했다. 정부가 야심차게 발표한 이 계획은 기후금융 및 신재생에너지 정책을 광범위하게 포함하고 있다. 한국형 뉴딜은 코로나19 사태로 인한 극심한 경제침체 극복 및 우리 사회의 구조적 대전환 대응이라는 이중 과제에 직면한 상황에서 그 필요성이 대두되었다. 여기에 코로나19 팬데믹이 장기화됨에 따라 ▷비대면 수요의 급증으로 디지털 경제로의 전환 가속화 ▷저탄소 친환경 경제에 대한 요구 증대 ▷경제 사회구조 대전환과 노동시장 재편 등의 변화가 일어난 것도 해당 정책이 수립되는 배경이 되었다고 할 수 있다.

정부가 확정·발표한 '한국형 뉴딜 종합계획'에 따르면 2025년까지 디지털 뉴딜, 그린 뉴딜, 안전망 강화 등 세 개를 축으로 분야별로 대대적 투자 및 일자리 창출이 기대된다. 이 중에서 그린뉴딜은 친환경·저탄소 등 기후친화(그린) 경제로의 전환을 가속화하는 내용을 담고 있다. 정부는 상기한 3개 분야에 2022년까지 67조 7000억원을 투입해 일자리 88만 7000개를, 2025년까지 160조원을 투입해 일자리 190만 1000개를 창출한다는 계획이다.

그림 5-4 한국형 뉴딜의 구조

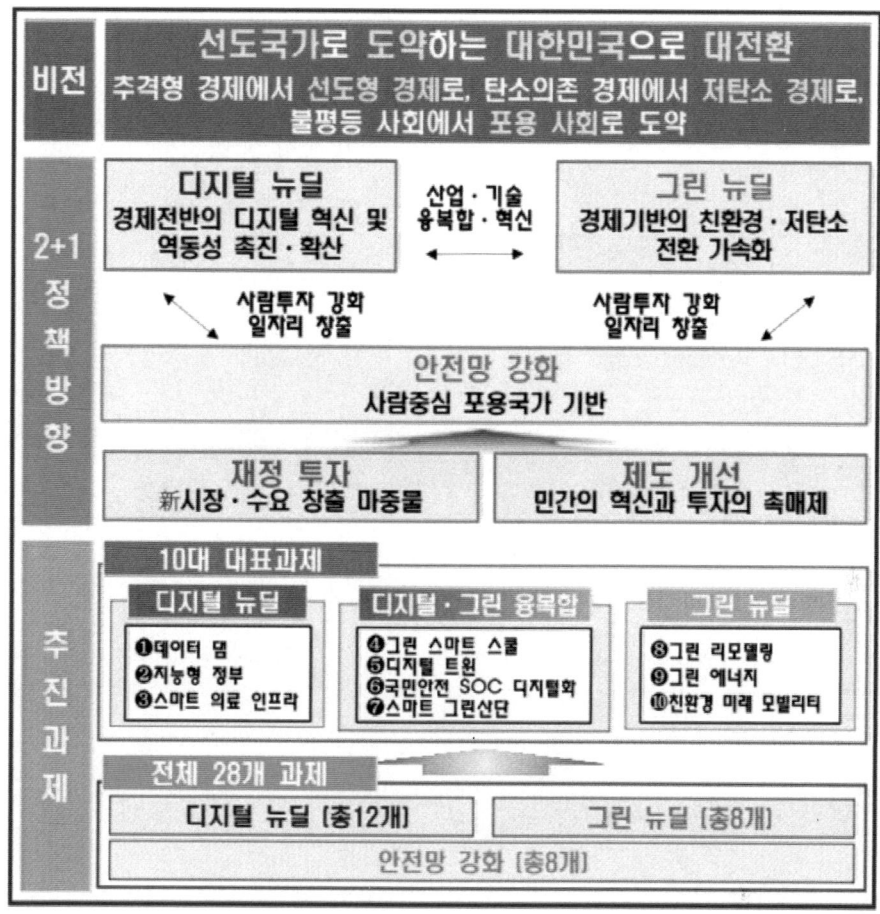

자료: 기획재정부.

4.2. 그린 뉴딜의 개념 및 구조

그린 뉴딜은 코로나19를 계기로 기후변화 대응 및 저탄소 사회로의 전환 중요성이 부각됨에 따라 '인프라·에너지 녹색 전환 + 녹색산업 혁신' 등 탄소중립 사회를 지향하는 방향으로 추진될 예정인데, 이를 보다 구체적으로 기술하면 다음과 같다.

(1) 도시·공간·생활 인프라 녹색 전환

인간과 자연이 공존하는 미래사회를 구현하기 위해 녹색 친화적인 일상생활 환경을 조성한다는 목표로, 2025년까지 총 사업비 30조 1000억원을 투자해 일자리 38만 7000개를 창출할 예정이다. 이를 위해 국민생활과 밀접한 공공시설 제로에너지화, 국토·해양·도시의 녹색 생태계 회복, 깨끗하고 안전한 물 관리체계 구축 등이 추진된다.

(2) 저탄소·분산형 에너지 확산

적극적인 R&D·설비 투자 등으로 지속 가능한 신재생에너지를 사회 전반으로 확산하는 미래 에너지 패러다임 전환시대 준비를 위해 2025년까지 총사업비 35조 8000억원을 투자해 일자리 20만 9000개를 창출할 예정이다. 이를 위해 스마트 전력망이나 전선 지중화 등 에너지관리 효율화 지능형 스마트 그리드 구축, 신재생에너지 확산 기반 구축 및 공정한 전환 지원, 전기차·수소차 등 그린 모빌리티 보급 확대 등이 이뤄지게 된다.

(3) 녹색산업 혁신 생태계 구축

미래 기후변화·환경 위기에 대응해 전략적으로 도전하는 녹색산업 발굴 및 이를 지원하는 인프라 전반 확충을 통해 혁신여건 조성을 목표로, 2025년까지 총 사업비 7조 6000억원을 투자해 일자리 6만 3000개를 창출할 계획이다. 이를 위해 녹색 선도 유망기업 육성 및 저탄소·녹색산단 조성, 온실가스 감축 및 미세먼지 대응을 위한 R&D·금융 등 녹색혁신 기반 조성 등이 추진된다.

한국형 뉴딜 세부과제 중 경제활력 제고 등 파급력이 큰 사업, 지역균형발전 및 지역경제 활성화 촉진 효과가 큰 사업, 단기 일자리뿐만 아니라 지속가능한 대규모 일자리 창출 사업, 국민이 변화를 가시적으로 체감할 수 있는 사업, 신산업 비즈니스 활성화 등 민간투자 파급력·확장성이 있는 사업 등 선정기준에 부합하고 미래비전을 제시하는 10대 대표과제가 선정되었다. 그린 뉴딜은 이 중에서 3개 과제가 다음과 같은 내용으로 추진될 예정이다.

표 5-1 그린 뉴딜 3개 과제의 투자계획 및 일자리 파급효과

(단위: 조원, 만개)

과 제	그린 뉴딜 (3개)		일자리
	총사업비(국비)		
	'20추~22	'20추~25	'20추~25
⑧ 그린 리모델링	3.1 (1.8)	5.4 (3.0)	12.4
⑨ 그린 에너지	4.5 (3.7)	11.3 (9.2)	3.8
⑩ 친환경 미래 모빌리티	8.6 (5.6)	20.3 (13.1)	15.1

자료: 기획재정부.

표 5-2 그린 뉴딜의 대상사업(예시)

종류	사업명	위치	사업시행법인	참여사
풍력	탐라해상 풍력발전단지	제주 한경면 두모~금등리 공유수면 일원	탐라해상풍력발전	한국남동발전
풍력	서남해 해상풍력시범단지 발전사업(시범)	전북 고창군 구시포항 약 10km	한국해상풍력 (한국전력, 한국수력원자력, 남동발전, 중부발전, 서부발전, 남부발전, 동서발전)	
태양광	새만금 육상태양광1구역발전 사업	새만금 산업연구용지 동측	새만금희망태양광(새만금개발공사, 한국남동발전, 현대엔지니어링 컨소시엄 등)	
태양광	중소기업공장지붕 활용 태양광발전소 투자법인	대구, 경북, 대전, 충북 지역 등을 기점으로 올해 약 100MW 규모로 공장지붕형태		솔라에쿼티(주)
태양광	합천댐 수상태양광발전소	경남 합천댐	합천수상태양광(주)	
수소차	대구 성서충전소	대구 갈산동	수소에너지 네트워크	설치는 수소에너지 네트워크(주), 운영은 대성에너지(주)
수소차	인천공항 제1터미널수소충전소	인천공항	수소에너지 네트워크	

종류	사업명	위치	사업시행법인	참여사
친환경 분산에너지	파주 연료전지발전소	파주시 월롱면	파주 에코에너지 (동서발전, 서울도시가스, SK건설)	
친환경 분산에너지	대산수소 연료전지발전소	충남 서산 대산산업단지	대산 그린에너지 (한화에너지 59%, 한국동서발전 35%, 두산퓨얼셀 10%, 재무적투자자 6%)	
녹색산업	남촌산단 친환경산업단지	인천 남동구	남동스마트밸리개발(주)	
자원순환촉진	삼척발전본부 석탄재 재활용	강원도 삼척시 원덕읍 삼척로 734	삼척에코건자재(주)	
스마트 그린도시	에코델타시티	부산 강서구 명지동, 가동동, 대저2동	더그린 컨소시엄 (한화에너지, NH투자증권, 한화손해보험)	

4.3. 뉴딜펀드의 조성: 한국형 뉴딜의 자금조달채널

한국형 뉴딜의 자금조달을 위해 정부는 향후 5년간 매년 4조원씩 20조원 규모의 '정책형 뉴딜펀드'를 조성하기로 했다. 특히 본 펀드는 재정자금으로 손실률 35%까지(평균) 펀드의 손실을 흡수하는 구조로 설계하여 사실상 투자원금의 보장을 추구하고 있다. 정책형 뉴딜펀드와 다른 형태의 뉴딜펀드인 공모형 '뉴딜 인프라 펀드'에는 투자금 2억원까지 9%의 저율 분리과세를 적용하는 파격적인 세제 혜택을 제공한다.[30] 뉴딜펀드 조성으로 '한국형 뉴딜'에 강한 추진 동력을 더하고, 풍부한 시중 유동성을 흡수하며, 안정적 수익 확보가 가능한 투자처에 국민이 참여할 기회를 제공해 성과를 공유하겠다는 구상이다.

총체적으로 뉴딜펀드는 정부가 직접 재정을 투입하는 (1) 정책형 뉴딜 펀드(모자펀드 방식), (2) 정부가 파격적인 세제 혜택을 통해 지원하는 공모 뉴딜 인프라펀드, (3) 정부가 제도개선을 통해 간접 지원하는 민간 뉴딜펀드의 세 축으로 설계되어 있다.

---

30) 보다 자세한 내용은 2020년 7월 기재부가 발표한 '국민참여형 뉴딜펀드 조성 및 뉴딜금융 지원방안'에 담겨 있음

표 5-3 뉴딜펀드의 체계

기본방향	① 정책형 뉴딜펀드 + 뉴딜 인프라펀드 + 민간 뉴딜펀드 ➡ 3가지 축		
	② 민·관의 역할 분담	③ 국민과의 성과 공유	
세부 추진 방향	정부: 재정 통한 위험 부담, 세제 지원, 애로해소 및 제도개선	■ 사모재간접 공모펀드 등 공모 활성화	
	민간: 자율적 상품 개발	■ 민간의 자율적 펀드 조성 유도 ■ 퇴직연금 연계 확대	
세부 구조	유형	정책형 뉴딜펀드	뉴딜 인프라펀드	민간 뉴딜펀드
	조성 방안	■ 정부 등 출자 + 민간 자금 매칭	■ 정책형 뉴딜펀드 子펀드 방식 + 민간 인프라펀드	■ 민간의 자발적 투자처 발굴 및 펀드 결성
	유인 체계	■ 재정을 통한 후순위 출자 (투자 위험 부담)	■ 세제지원 ■ 프로젝트 발굴	■ 시장 여건 조성 (현장 애로 해소 지원 및 제도 개선)
	투자 대상	■ 뉴딜 프로젝트 + 뉴딜 관련 기업 (투자 가이드라인 마련)	■ 뉴딜 인프라사업	■ 뉴딜 프로젝트 + 뉴딜 관련 기업
	성과 공유	■ 사모재간접 공모펀드 (민간 공모펀드가 정책형 뉴딜펀드 子펀드 결성 참여) ■ 국민참여펀드 조성	■ 공모방식 확산 (공모인프라펀드에 한해 세제혜택 부여) ■ 퇴직연금 연계	■ 수요 맞춤형 성과 공유 (민간에서 고수익 또는 안정적 수익 창출이 가능한 펀드 자율 설계)

자료: 관계부처 합동.

4.3.1. 정책형 뉴딜펀드

뉴딜펀드의 핵심인 정책형 뉴딜펀드는 정부와 정책금융기관(산업 은행·상장사 다리펀드)이 후순위로 출자(35%)하여 상당한 투자 위험을 부담하고 나머지 65%는 민간자금의 매칭으로 구성되며 2025년까지 20조원이 조성될 예정이다. 구체적으로 정부와 정책금융 출자를 통해 '모(母)펀드'를 조성하고, 여기에다 일반 국민, 은행, 연기금 등이 투자한 '민간자금'을 매칭해 '자(子)펀드'를 결성할 계획이다.

동 펀드는 뉴딜 관련기업에 대한 지분투자와 대출, 뉴딜 프로젝트에 대한 다양한 형태의 투자를 폭넓게 허용할 방침이다. 예컨대 그린스마트스쿨, 수소충전소 구축 등 뉴딜 관련 민자사업, 수소·전기차 개발 프로젝트 등 뉴딜 관련 프로젝트, 데이터센터, 디지털 SOC 안전관리시스템, 친환경·신재생에너지 시설 등 인프라 사업, 뉴딜 관련 창업·벤처기업, 중소·주력기업 등이 이 펀드 수혜가 예상 된다.

동 펀드의 투자방식으로는 주식(구주 포함) 및 채권 인수, 메자닌 증권(전환사채·신주인수권부사채 등) 인수, 대출 등이 가능하다. 특히 정부와 정책금융기관이 조성한 모펀드가 후순위 출자를 맡아 투자 위험을 우선 부담하도록 하는 민간투자 유인구조를 마련했다. 또한 뉴딜 분야별 투자위험 등에 따라 정책자금 지원비중을 15-40%(평균 35%)로 달리하는 등 '자펀드'의 구조도 차별화할 계획이다.

정부는 위법 논란이 일었던 '투자 시 원금 보장'을 명시적으로 내걸지는 않았으나, 뉴딜펀드에는 사실상 원금보장 효과가 있다는 점을 강조하고 있다. 즉, 정부재정이 자(子)펀드에 평균 35%로 후순위 출자하는데 이는 펀드가 투자해서 손실이 35% 날 때까지 손실을 정부가 흡수한다는 내용으로 원금보장을 겉으로 명시하진 않지만 사후적으로 원금이 보장될 수 있는 구조라는 것이다. 정부는 또한 동 펀드가 국고채 이자보다 높은 수익률을 추구하도록 할 예정이다.

동 펀드의 주관은 이 분야에 경험이 많은 성장금융과 산업은행이 맡고 자펀드 운용사 선정 시 가점 부여를 통해 민간 공모펀드 참여를 제시한 운용사를 우대할 예정이다. 일반 국민의 참여 확대를 위해 '국민참여펀드'도 최대 1조원 규모로 별도로 조성할 계획이다.

4.3.2. 뉴딜 인프라펀드

정부는 민간 금융기관과 연기금 등이 투자하는 '뉴딜 인프라펀드'도 육성하기로 했다. 동 펀드는 상기한 '정책형 뉴딜펀드'를 모펀드로 하는 '정책형 뉴딜 인프라펀드'와 민간 자율의 인프라펀드(이미 운용 중인 펀드 586개 및 신규 펀드)로 구성된다. 특히 뉴딜 인프라에 일정 비율(예: 50%) 이상 투자한 공모 인프라 펀드에는 투자금 2억원 한도로 배당소득에 9%의 저율 분리과세를 적용하는 강력한 세제 혜택을 내걸었다. 아울러 정부는 공공부문 발주 민자사업에 투자하는 인프라펀드는 산업기반신용보증, 해지 시 지급금 보장 등을 통해 투자자의 위험부담을 대폭 덜어주기로 했다. 이는 해당 민자사업이 중도에 취소되면 투입자금을 환급해 준다는 것이다.

뉴딜 인프라펀드의 투자대상 예시로 '그린 뉴딜'에서는 육상·해상·풍력, 태양광 등 신재생에너지 발전단지, 수소충전소 확충, 스마트 상하수도설비 등의 사업을 들었다.

정부는 또한 인프라펀드 시장에 일반 국민이 참여하는 공모방식의 자금조달 확산을 유도하기 위해 아래와 같은 별도의 조치들을 마련했다. 퇴직연금의 인프라펀드 투자 활성화를 위해 퇴직연금의 투자대상에 정부 등이 원리금 지급을 보장하는 민자사업 대상 채권을 포함하도록 제도를 개선하기로 했다. 즉, 규모는 크면서 수익률이 저조한 퇴직연금이 뉴딜펀드에 투자할 수 있는 길을 열어주는 것이다. 또한 존속기간이 5~7년 정도로 짧은 공모 인프라펀드 개발도 검토하기로 했다. 민자사업자 및 정책형 뉴딜펀드 자펀드 운용사 선정 시 민간 공모펀드가 참여한 운용사를 우대해주는 방안도 추진하기로 했다.

그림 5-5 뉴딜펀드의 구조

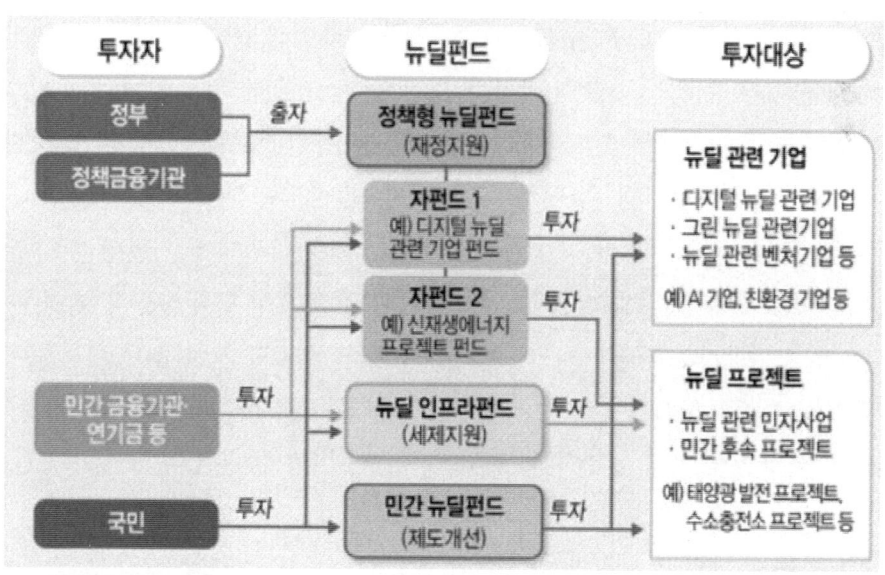

자료: 관계부처 합동.

4.3.3. 민간 뉴딜펀드

정부는 민간 금융사가 스스로 뉴딜 투자처를 발굴해 고수익, 안정적 수익창출이 가능한 펀드를 자유롭게 결성하도록 '민간 뉴딜펀드'를 활성화하고자 제도개선에 나서기로 했다. 정부가 양질의 뉴딜 프로젝트를 적극 발굴해 제시하고, 현장민원 해결, 규제혁파 등으로 뒷받침하겠다는 것이다. 예컨대 '해상풍력 발전단지'를 투자대상으로 삼은 민간펀드가 조성되면, 프로젝트 개발에 있어서 현장애로를 해소해 줄 정부차원의 지원단을 꾸려 민원을 해결하고 관련 제도개선을 병행하겠다는 것이다. 민간 뉴딜펀드 투자대상은 뉴딜 프로젝트, 뉴딜관련 사업을 수행하는 기업 등 민간이 자유롭게 선택할 수 있도록 했다.

4.4. 뉴딜펀드의 문제점 및 개선방안

4.4.1. 뉴딜펀드의 문제점

정부가 한국형 뉴딜의 핵심 자금조달방안으로 사실상 원금을 보장 하는 뉴딜펀드를 발표했지만 시장의 반응은 긍정보다는 부정적 시각이 많은 편이다. 국민의 세금을 투입해 손실을 방어하는 펀드 스킴부터 피투자 민간회사의 도덕적 해이 가능성, 금융시장의 거품조장 및 구축효과 논란까지 다양한 지적이 나오고 있다.

우선 정부는 명시적으로 투자 원금의 보장을 밝히고 있지는 않지만 뉴딜펀드는 사실상 원금보장 수준에 준한다고 설명하고 있다. 구체적으로, 일부 손실이 발생하더라도 후순위로 참여한 정부, 산업 은행 등이 먼저 감당하게 되어 선순위 투자자인 개인 등은 원금을 돌려받을 수 있다는 것이다. 이는 '위험에 기반한 수익추구'라는 펀드의 기본원칙에 위배될 뿐만 아니라 반시장적이고 포퓰리즘적 이라는 지적을 받고 있다. 심지어 일부에서는 "시중 유동성을 생산 적인 산업으로 이동시키고 펀드로 시민들에게 투자이익을 안겨 표를 얻는 것"이라며 "손실을 세금으로 메울 수 있는 뉴딜펀드와 여타 상품이 어떻게 경쟁하나"라며 정치적 의도에 편승한 자금시장의 구축효과만 조장할 뿐이라고 혹평하고 있다.

여기에 더해 펀드투자 과정에서 손실이 발생하더라도 정부와 산업 은행 등이 손실을 보전해 주게 되어 펀드매니저나 피투자기업이 방만한 사업 운영에 나설 수 있다는 도덕적 해이 우려도 있다. 도덕적 해이 논란은 공적자금이 투입될 경우 필연적으로 발생하기 마련이어서, 신종 코로나바이러스 감염증(코로나19) 이후 조성된 기간 산업안정기금도 도덕적 해이를 방지하고자 운용사 보수 제한 등의 장치를 마련한 바 있다.

정부는 또한 한국형 뉴딜에 5년간 170조원을 투자하겠다고 했지만, 그중 70조원은 민간 금융회사 자금이며 뉴딜펀드도 20조원 중 13조 원을 민간기관 및 개인 투자자로부터 조달할 계획이다. 그런데, 왜 민간자금으로 조성된 뉴딜펀드의 투자 손실을 나랏돈으로 메워주고 투자 시 세제 혜택까지 주어야 하는 가에는 많은 의문이 따른다. 정부는 뉴딜관련 인프라에 공공재적 성격이 있고, 국민경제 전반에 긍정적 효과가 있기 때문이라고 하지만, 그렇게 중요한 일이라면 국가 재정 투입을 우선적으로 고려해야 하지 않을까. 즉, 국채 이자보다 비싼 비용을 지불하면서 민간자금을 끌어와서 한국형 뉴딜을 추진할 당위성이 부족한 것이다.

이를 두고 일각에서는 "정부가 하고 싶은 사업을 하면서 국가부채 로는 안 잡히게 하는 재정 분식회계"라는 비판도 나오고 있다. 요컨대, 뉴딜펀드는 펀드이면서 공공이 손실을 보전해 주고 국가사업이지만 민간이 대부분 돈을 대는 정체불명의 국책사업으로서 이전의 유사 관제펀드와 같이 정권교체와 함께 유야무야될 것이라는 우려가 상당한 실정이다.

정부는 또 뉴딜펀드를 "국민과 뉴딜의 성과(수익)를 공유하기 위해 설정한다"고 주장하고 있지만 이에도 비판의 여지가 있다. 왜냐하면, 만기가 긴 뉴딜펀드에 여윳돈을 넣을 수 있는 국민은 대부분 중산층 이상이며 뉴딜펀드의 세제 혜택(금융소득 세율 9%로 분리과세) 역시 한 해 이자·배당으로 번 돈이 2,000만원을 넘는 국민에게나 의미가 있기 때문이다. 중산층 이상에게 줄 혜택을 전 국민이 갹출해 마련한 세금에서 충당한다는, 즉 "손실은 전 국민이 나누고, 수익은 중산층 이상이 챙긴다"는 세간의 지적을 재고해 보아야 할 것이다.

이외에도, 정부가 '뉴딜관련 기업·프로젝트'라고 찍어준 곳에 민간의 투자를 유도한다는 것도 시장의 왜곡으로 이어질 수 있다. 물론 디지털·그린 산업 육성이 우리 경제가 가야 할 방향이라는 데 이견은 없지만, 정부가 인위적으로 유도하는 것보다는 시장과 자금이 자발적으로 그리로 모이도록 환경조성에 힘쓰는 것이 더 바람직할 것이다. "민간 투자자가 혁신 기업이나 사업을 못 알아보니 정부가 대신

나서겠다"는 발상은 전 세계적으로 성공사례를 찾기 어렵다.

차라리 그린 산업 등의 육성을 위해 풀어야 할 규제가 무엇인지 찾아보는 편이 민간투자 활성화에 도움 될 것이다. 이는 본저에 전술되어 있는 다양한 기후금융 관련기업 및 현장 실무자에 대한 인터뷰 내용에서도 명확하게 드러나 있다. 그들의 공통된 어려움은 겹겹이 쌓인 규제 및 민원 해결에 있었지 대상사업에 대한 이해나 선정 과정에서의 혼란은 애로가 아니었다.

4.4.2. 개선방안

전술한 바와 같이, 정부가 추진하고 있는 한국형 뉴딜의 구조와 재원조달방법은 많은 논란과 비판에 직면하고 있는 실정이다. 이하에서는 세부 내용과 기술적 해결 방안에 초점을 두기보다는 큰 틀에서 상기한 문제점들의 개선방안을 제시하고자 한다.

(1) ESG/녹색 채권의 활성화

정부가 현재 강력한 의지를 가지고 추진하고 있는 한국형 뉴딜 프로젝트는 디지털·그린·사회안전망 강화를 목적으로 한다는 점에서 ESG 혹은 녹색채권이 추구하는 공공성 개념과 밀접하게 연결되어 있다. 한국형 뉴딜의 기본적인 취지/내용과 사회책임 및 녹색 투자의 기본 정신은 유사한 점이 많으며, 특히 그린(기후금융)과 사회 분야는 상당 부분 그 개념이 일치한다.

그러나, 동 정책의 기본철학이나 방향성과 정책수단 및 재원조달 방안의 구체적 내용은 일부에서 상호 부합되지 않는 것이 사실이다. 우선, 한국형 뉴딜의 성공을 위해 가장 중요한 것이 재정만으로 충당하기 어려운 대규모 재원부담을 민간자본 조달을 통해 해결하는 것인데, 이를 정부가 현재까지 발표한 방안만으로는 달성하기 어려운 것이 현실이다. 일례로, 한국형 뉴딜이 주 대상으로 하는 인프라 사업의 경우 대체로 10년 이상의 장기적인 사업이어서, 동 정책이 표방하는 개인 투자자를 대상으로 하는 공모형 펀드에는 적합하지 않고 이를 대신할 사모재간접 펀드 방식은 2019-20년 발생한 사모펀드 사태와 유사한 도덕적 해이 문제가 야기될 우려가 있다.

이러한 제반 문제를 해결하는 유용한 대안으로서 최근 주목받고 있는 ESG/녹색 채권의 발행 및 투자 활성화를 고려할 수 있다. 즉, 한국형 뉴딜 정책을 위한 자금조달 시스템을 현재의 뉴딜펀드와 같이 별도로 설계하기보다는 기존의 ESG/녹색 채권의 발행/유통/투자 시스템과 인프라를 확대·발전시켜 동 채권의 활성화를 유도하는 것이 보다 효율적이고 바람직할 것으로 판단된다.

이를 위해서는, 본 연구에서 이미 제시한 바와 같이, 정부 차원에서 ESG/녹색 채권의 발행 및 유통시장 활성화를 위한 제도 개선에 적극적으로 나설 필요가 있다. 구체적으로, 이들 채권의 인정 기준과 가이드라인 제정, 외부평가제도 도입, 공시정보 강화 등을 서둘러야 한다. 국민연금 등 공적 연기금과 기관투자자의 ESG/녹색 채권 투자 유인, 이들 채권 투자 시 개인투자자에 대한 세제혜택 부여 등도 적극 고려해야 할 시점이다.

(2) SOC 민간투자방식의 활용

우리나라의 SOC 민간투자사업 및 제도는 1994년 '민간투자법'이 도입된 지 27년 만에 800여개가 넘는 사업이 시행되어 정부의 재정절감과 사회기반시설의 확충에 지대한 기여를 해온 것이 사실이다. 이 사업은, 아래에 열거하는 바와 같이, 다양한 형태의 방식으로 시행되고 있는데, 그린 뉴딜을 포함한 다양한 한국형 뉴딜사업도 새로운 자금조달방식을 무리하게 도입하는 것보다 27년의 시행착오와 검증을 거쳐 정착되어 있는 현행 민간투자 및 자금조달 방식을 적극적으로 활용할 필요가 있다.

민간투자사업 방식 중 BTO(Build-Transfer-Operate) 방식은 우리나라 민간투자사업의 출발점이었고 가장 많은 사업이 이 방식으로 시행된 바 있다. 그러나, 동 방식과 결합되어 빈번하게 적용되던 최소운영수입보장제도(Minimum Revenue Guarentee: MRG)가 2009년 폐지되고, 2008년 세계금융위기 이후 동 사업에 대한 투자심사 강화 및 사업자간 경쟁 심화로 투자위험 대비 사업수익률이 낮아져 이 방식의 사업 추진은 최근 대폭 줄어든 상황이다.

BTO 방식과 더불어 민간투자사업의 양축을 이루고 있는 방식이 BTL(Build-Transfer-Lease)이다. 정부가 시설임대료 및 운영비를 사업자에게 확정적으로 지급함으로써 BTO에 비해 사업위험을 대폭 줄여 주어 많은 사례에 적용되고 있지만, 이러한 지출이 정부의 부채로 계상되어 예산한도 내에서 사업이 지속적으로 증가하기에는 한계가 있는 방식이다. 이외에도 최근에 정부는 민간투자 활성화를 위하여 중위험 중수익 구조인 BTO-a, BTOrs, 혼합형 방식 등 절충형 방식을 도입하여 민간투자사업 방식의 다양화를 도모하고 있다.

전술한 바와 같이 수십년에 걸쳐 축적된 SOC 민간투자사업의 경험 및 사례에 비추어 볼 때, 그린 뉴딜을 포함한 한국형 뉴딜사업이 성공적으로 추진되기 위해서는 사업의 투자위험, 경제성 및 정부지원이 하나의 패키지로 동시에 고려되고 결정되어야 한다. 정부의 다양한 지원은 사업자의 투자위험을 낮춰 사업수익률이 낮아지고 사용자 및 재정부담의 절감을 도모할 수 있으나 정부가 부담 하는 과도한 위험은 재정압력을 증가시키고 사업자 및 투자자의 도덕적 해이를 야기할 수 있는 것이다. 이 점을 고려할 때, 현행 한국형 뉴딜사업의 시행/자금조달/관리 방식에 시장에서의 친숙도가 높은 SOC 민간투자사업의 제도와 방식을 적극 결합시키는 것이 바람직하다.

참고문헌

국회예산정책처, 한국경제의 구조변화와 대응전략 IV, 2020.
금융감독원 런던사무소, 기후변화 관련 영국 금융분야 대응상황 및 시사점, 2019.
기후금융 투자사업, 사업설명서, 각호.
녹색기술센터, 글로벌 기후금융 동향 조사, 2018.
문진영, 나승권, 이성희, 김은미, 국제사회의 기후변화 대응 인프라 투자와 한국의 정책과제, KIEP, 2018.
박동규, 프로젝트 파이낸싱의 개념과 실제, 제3판, 명경사, 2009.
박수련, 정연수, 기후변화와 금융안정, BOK 이슈노트, 2018.
유이선, 임소영, 기후변화에 대한 기업의 인식과 산업정책적 대응방향, 산업연구원, 2017.
이석호, 조일현, 국제 신재생에너지 정책 변화 및 시장 분석, 에너지경제연구원, 2018.
진익, 김윤희, 공공 기후금융 정책 평가, 국회예산정책처, 2016.
한국금융연구원, 주간금융브리프, 28권 18호, 2019.
한국환경산업기술원, 녹색금융 활성화 지원을 위한 중장기 발전방안 및 추진계획 수립 연구, 2019.
황현정, 해외 주요기관의 기후금융 추진 현황 및 시사점, 산은조사월보, 2018.

Amecke, H. and A. Vasa, The Landscape of Climate Finance in Germany, Climate Policy Initiative, 2013.
BOLTON, P., DESPRES, M., PEREIRA DA SILVA, L., SAMAMA, F. and R. SVARTZMAN, The green swan: central banking and financial stability in the age of climate change, BIS, January 2020.

Buchner, B. and etc, Global Landscape of Climate Finance 2019, Climate Policy Initiative, 2019.

Climate Policy Initiatives, Various Issues.

Global Landscape of Climate Finance, Various Issues.

UNDP, Catalyzing Climate Finance, 2011.

World Bank Group, Climate Change Action Plan 2016-2020, 2016.

기후금융
지속가능한 미래를 여는 열쇠

초판인쇄 2021년 11월 11일
초판발행 2021년 11월 15일
저   자 박동규 김종대
펴 낸 이 홍명희
펴 낸 곳 아딘크라
주   소 경기도 용인시 기흥구 탑실로 152
          대주피오레 2단지 202-1602
전   화 031)201-5310
등록번호 2017.12. 제2017-000096호
인 쇄 처 진흥인쇄렌드 02)812-3694
ISBN 979-11-89453-12-1 93320

값 18,000원
ⓒ 2021